思库文丛
汉译精品

彼此的对等

论人类平等
的基础

Jeremy Waldron

One
Another's
Equals

[美] 杰里米·沃尔德伦　　　　著　　　单传友　　　　译　　　江苏人民出版社

图书在版编目（CIP）数据

彼此的对等：论人类平等的基础：（美）杰
里米·沃尔德伦著；单传友译. —南京：江苏人民出
版社，2024.12
（思库文丛·汉译精品）
书名原文：One Another's Equals：The Basis of
Human Equality
ISBN 978 - 7 - 214 - 28264 - 4

Ⅰ.①彼… Ⅱ.①杰… ②单… Ⅲ.①平等-研究-
英文 Ⅳ.①D081

中国国家版本馆 CIP 数据核字（2024）第 006665 号

江苏省版权局著作权合同登记号：图字 10 - 2017 - 496 号

书　　　名　彼此的对等：论人类平等的基础
著　　　者　[美] 杰里米·沃尔德伦
译　　　者　单传友
责 任 编 辑　朱晓莹
装 帧 设 计　潇　枫
责 任 监 制　王　娟
出 版 发 行　江苏人民出版社
地　　　址　南京市湖南路 1 号 A 楼,邮编:210009
照　　　排　江苏凤凰制版有限公司
印　　　刷　南京爱德印刷有限公司
开　　　本　890 毫米×1 240 毫米　1/32
印　　　张　7.625　插页 4
字　　　数　168 千字
版　　　次　2024 年 12 月第 1 版
印　　　次　2024 年 12 月第 1 次印刷
标 准 书 号　ISBN 978 - 7 - 214 - 28264 - 4
定　　　价　55.00 元
（江苏人民出版社图书凡印装错误可向承印厂调换）

纪念敬爱的

鲍勃·哈格雷夫(Bob Hargrave)

(1949—2012)

目　录
CONTENTS

前　言

　　2015 年 1 月底到 2 月初,我在爱丁堡大学开设了吉福德讲座,在这个讲座的基础上,我修改完成了《彼此的对等》。非常高兴能够在苏格兰待上两周。从 1983 年到 1987 年,我曾在爱丁堡大学任教了将近五年。这五年是我生命中最美好的时光。重返爱丁堡,重访老朋友,感觉真的很好。

　　讲座是在爱丁堡大学旧学院(Old college)优美的普莱费厄图书馆(Playfair Library)举行的。非常感谢那些听众们,他们听了整整六场枯燥的讲座。与收获相比,他们付出的更多。他们的兴趣和持续不减的热情令人欣喜,每场讲座之后,他们都提出了很好的问题,给我带来了挑战。

　　特别感谢新老朋友的款待和支持。他们是迈克尔・阿德勒(Michael Adler),肯尼斯・阿麦西(Kenneth Amaeshi),马尔科姆・安德森(Malcolm Anderson),泽农 ・ 班克斯夫斯基(Zenon

Bankovsky)，爱丽丝·布朗（Alice Brown），戈登·布朗（Gordon Brown），斯图尔特·布朗（Stewart Brown），弗朗西丝·伯伯里（Rev. Frances Burberry），罗恩·克鲁夫（Rowan Cruft），汤姆·戴利（Tom Daly），大卫·弗格森（David Ferguson），亚历山大·福赛思（Alexander Forsyth），苏·菲弗（Sue Fyvel），努拉尔·格姆利（Nuala Gormley）和她在苏格兰政府的同事，伊丽莎白·格兰特（Elizabeth Grant），维尼特·哈克萨（Vinit Haksar），拉里·沃尔塔多（Larry Hurtado），查尔斯·杰夫瑞（Charles Jeffrey），邦尼（Bonnie）和托马斯·肯尼迪-格兰特（Tomas Kennedy-Grant），彼得·克拉维茨（Peter Kravitz），爱丁堡大学校长蒂莫西·奥谢爵士（Sir Timothy O'Shea），查尔斯·拉布（Charles Raab），乔·肖（Jo Shaw），莫娜·西迪基（Mona Siddiqui），尊敬的布莱恩·史密斯牧师（the Rt. Rev. Brian Smith），尼尔·沃克（Neil Walker）和尊敬的莎拉·沃尔夫（Sarah Wolf）。特别感谢吉福德基金会的安娜·康罗伊（Anna Conroy）和阿利斯泰尔·兰德（Alistair Lauder）提供的组织支持和行政支持。

回到纽约、牛津和其他地方后，这些年来，在与以下诸位就平等问题的对话中，我受益良多。他们是理查德·阿尼森（Richard Arneson），维克多·奥斯丁（Victor Austin），查尔斯·贝茨（Charles Beitz），帕特里克·布伦南（Patrick Brennan），伊恩·卡特（Ian Carter），杰克·库恩（Jack Coons），已故的罗纳德·德沃金（Ronald Dworkin），肯特·格里纳沃尔特（Kent Greenawalt），莫什·哈尔伯特（Moshe Halbertal），乔治·凯特伯（George Kateb），德斯蒙德·金（Desmond King），尼古拉斯·柯比（Nikolas Kirby），刘易斯·科恩豪瑟（Lewis Kornhauser），妮古拉·莱西（Nicola Lacey），罗宾·洛文

(Robin Lovin)，特里沃·莫里森（Trevor Morrison），利亚姆·墨菲（Liam Murphy），托马斯·内格尔（Thomas Nagel），玛西亚·帕利（Marcia Pally），涛慕思·博格（Thomas Pogge），约瑟夫·拉兹（Joseph Raz），迈克尔·罗森（Michael Rosen），亚当·萨马哈（Adam Samaha），卡罗尔·桑格（Carol Sanger），塞缪尔·施弗勒（Samuel Scheffler），伊恩·夏皮罗（Ian Shapiro），戴维·索斯凯斯（David Soskice），威廉·斯塔尔（William Storrar），杰瑞夫·斯托特（Jeffrey Stout）和约翰·塔斯奥拉斯（John Tasioulas）。非常感谢他们。

从 2015 年到 2016 年，在对讲座内容整理出版的过程中，非常高兴得到了纽约大学法学院菲洛曼·德·阿戈斯蒂诺和马克斯·E. 格林伯格（Filomen D'Agostino and Max E. Greenberg）研究基金的资助。哈佛大学出版社的伊恩·马尔科姆（Ian Malcolm）在出版过程中给予了极大支持，他一如既往地耐心负责，堪称典范。

第一讲 "不仅仅是对平等的思考？"

　　我演讲的主题是平等。人类平等这一原则主张，尽管存在着差异，但是我们人类应被视为彼此对等。正如托马斯·杰斐逊在《独立宣言》开篇中指出的那样，我们生而平等。即使不是**生而**（created）平等——在系列演讲中，我将非常谨慎地讨论"创造者"（Creator）这一方面——就本性而言，或者从某些固定的、基本的惯例来看，我们无论如何都是平等的。

第 一 节

　　我的系列演讲并不讨论某些具体政策，比如，要求缩小社会经济不平等的政策，或者要求改变我们的教育体制，从而更好地确保机会平等的政策。这些演讲也不关心财富、收入、权力、机会等方面的差距和不平等，这些不平等破坏了我们的社会安排和经济安排。毫无疑问,这些都是非常重要的问题。但我将讨论的是一个更为基础的问题——无论人们在财富、收入、权力和机会上可能出现多大(合理的或不合理的)差距,人们是否被平等对待和尊重? 我关心的是基本的道德平等,人们彼此间的地位平等。有时,这也被称为"深层的"平等,有时被称为"抽象的"平等①,有时又被称为"道德的"平等。②

我们可以通过多种方式表征基本平等。我们可以将之理解为"平等价值"原则③,因此,这些演讲讨论的是人类的平等价值——可能是他们在上帝眼中的平等价值,或者仅仅是基于**他们自身平等的价值**(如果不使用宗教术语的话)。人们经常将价值与品质(merit)相比较。我们拥有不同的品质——所有人都是——拥有不同的技能、不同的成就、不同的奖罚,以不同的方式对他人和共同体作出贡献,人们根据我们的能力和服务给出不同的报酬。所有这些领域都属于品质范围。当你不考虑这些品质,或者将之放到一边,剩下的就是人的价值。有人认为人的内在价值是一个空洞概念。我猜想他们一定认为品质才

---

① 两个术语——"深层的"和"抽象的"——可能应归功于德沃金,分别参见他的著作《原则问题》(*A Matter of Principle*,Harvard University Press,1985,271 - 273)和他的论文《评纳维森:捍卫平等》("Comment on Narveson: In Defense of Equality," *Social Philosophy and Policy* 1 (1983):24 - 40)。

② 例如,参见 Lansing Pollock,"Moral Equality",*Public Affairs Quarterly* 15 (2001):241 - 260。

③ 参见 Christopher Nathan,"What Is Basic Equality?," in *Do All Persons Have Equal Moral Worth? On Basic Equality and Equal Respect and Concern*,ed. Uwe Steinhoff (Oxford University Press,2015),1。

是一切①,而其他人——包括我在内——相信每个人的生命和生活都有着高贵的价值,这种高贵价值对于每个人都非常重要且彼此对等。

这些讨论还会涉及另一个概念,这就是人的尊严。我认为应该将尊严理解为某种地位。尊严最恰当地表达了人在万物中的地位,作为人,要求一种更高层次的关怀与尊重。作为人类,我们平等尊严的基础是假定在我们自身中存在着某种东西,这些东西要求给予每个人平等的道德关怀和以相同的方式尊重每个人。在某种意义上,尊严是一个法律理念,要求我们赋予每个人相同的人权,尊重和保护这些权利,并且对每个人提供相同的法律保护和关怀——正如美国宪法第十四条修正案中提到的"平等的保护"。

这些术语——"基本平等""平等价值""平等关怀与尊重"和"人的尊严"——并不是同义语,但它们结合起来构成了一个强有力的原则。它们每一个都具有两个维度:垂直维度和水平维度。垂直维度上,其表明了处理人与人关系的一种特殊价值,或者一系列规定;水平维度上,其主张这种特殊价值的平等或者这些规定对所有人都适用。在每一种情况下,使用这些术语的人都需要解释这些概念的含义:比如,我们的价值和尊严的规定是什么? 它们建立在什么基础上? 为什么它们对于所有人来说都是一样的? 在第三讲中,我们将看到不同理论家的不同处理方式。同样,在每种情况下,使用这些术语的人还需要解释其应用的范围:它们是否对所有种族、所有人、所有理性能动者、所有情感存在

---

① 例如,参见 Héctor Wittwer, "The Irrelevance of the Concept of Worth to the Debate between Egalitarianism and Non-Egalitarianism," in Steinhoff, *Do All Persons Have Equal Moral Worth?*, 76 - 95。威特韦尔(Wittwer)区分了人的内在价值和后天获得的价值。前者是他批评的概念,他将后者与我所说的品质(merit)关联在一起。

物,或者其他什么都适用?

在下面的演讲中,我将不时地使用这些术语,我希望不同语境将很清楚地表明为什么我使用这个而不是那个术语。但是,我确实在很大程度上将"人的尊严"概念的使用限于赋予人类一种高贵而**独特的**(*distinctive*)地位,这种地位主要是与对其他动物的道德关怀相比较而言的。我们将看到,人类基本平等理论其实并不需要这样做。我们可以坚持所有人彼此对等这个立场,而不需要赞同或反对在万物秩序中人比其他最高等的动物更高贵这个观点。人的尊严以人们之间的价值或者地位平等为先决条件,但它增加了一个更强有力的论题——这是需要加以论证的——人的独特性价值。

第 二 节

这些听起来好像都是枯燥的哲学概念。但我相信它们一定会——对它们的澄清也一定会——与人们的日常生活产生共鸣。2015 年初,当我在爱丁堡开设吉福德讲座时,我让那些听众们相互看看,思考他们之间的差别。有些人是年长者,有些人则非常年轻;有些是男人,有些是女人;他们之间民族和种族(可能没有那么多种)的差别也很明显。他们的外表也有差别——有些是胖子,有些像我一样不胖也不瘦。从面相上看,有些人很健康,而其他人则显得虚弱且极力掩盖这种虚弱。然而,尽管有这些差别,当我们看着房间中的数百人时,我们告诉自己必须将所有人视为彼此对等的。我们可能会说,对于基本平等来说,重要的不是身体上的差别。那么,我们不得不追问,"重要的是什么?为什么重要?哪些方面很重要?出于什么原因?"这些问题就是这些系列演讲将要讨论的内容。

我们之间还存在着身体以外的差别,确切地说,能力的差别——不同的技能,不同的阅历,不同的创造力。我们之间还存在着德性上、道德上的差别。有些人比较羞愧,不得不掩盖道德上的缺陷,而有些人则庆幸能够坦率地展示他们的性格和行为。我们还有不一样的品质。然而,尽管存在着这些差别,我们不还是说所有人彼此平等吗?无论是有技能的,还是没有技能的,是好人还是坏人。我的意思不是说不考虑道德上或者品质上的差别。这些差别对我们来说当然非常重要。对于基本平等的一个挑战就是,如何将这些重要差别与彼此对等这个原则调和起来。

我请听众们再一次环顾四周,这次关注的焦点是收入和权力之间的差别:一些是富人,一些是开始抱怨沉重教育债务的贫困学生;有些人是有权势的成功人士(有些人梦想成为有权势的成功人士,而有些人曾经尝试过却失败了)。如果财富和权力的诸多差别是为了服务所有人的利益,那么在原则上,基本平等与这种差别并不矛盾。但是,基本平等为衡量社会不平等和经济不平等提供了依据。当不平等的程度开始影响到某些人在其他人的生活中看到自身的生活时,基本平等就为讨论这种不平等提供了基础,就为更加直接关心这些人提供了依据。

在爱丁堡讲座的听众们相互对视时,我让他们考虑的最后一件事是身份地位差别的问题。很明显,地位差别与财富、权势差别联系在一起,但地位差别也有自身的表现。听众们的职业地位是有差别的:有大学校长,有教授,有讲师,有研究生,有本科生。他们的法律地位也存在着差异:大部分听众是英国公民,而我作为居住在美国的新西兰人就是一个外来者。我在爱丁堡演讲时,使用的是美国短期护照。基于法律角度的地位差别还表现在:有些听众是士兵,有些人是平民,可能还有难民、犯罪嫌疑人以及守法的公民等;可能有无家可归的人,也有拥有财产的人;还可能有破产者、未成年人和精神病患者。所有这些是从法律角度出发把我们区分开来的不同的地位,但它们也应该符合这样一个事实:从根本上说,只有一种人,只有一种人类等级,一种我们都拥有的特殊地位(我称之为人的尊严)。

几年前在伯克利的特纳讲座(Tanner Lectures)中,我区分了两种法律地位:**类**(*sortal*)地位和**有条件的**(*conditional*)地位。① (在圣教会礼拜仪式中,有一个祷告是"为所有人和有条件的人",我从祈祷书中借用了这个术语。②)当下,很多地位的区分都是根据人们所处的特定条件作出的:破产者、少数族裔、外国人或军人的身份。这些都是人们暂时从事的职业或者人生变迁,它们带来了不同的权利、权势和不利条件等。婚姻也是一种地位——对我们大多数人来说是一种理想的地位,对同性婚姻合法性的迫切需求就表明了这一点。有条件的地位,如已婚者、少数族裔、外国人或破产者,对具有此种地位的人的生活很重要。但这些地位并没有告诉我们拥有这些地位的个体的基本人格。

---

① Jeremy Waldron, with Wai— Chee Dimmock, Don Herzog, and Michael Rosen as commentators, *Dignity*, *Rank and Rights*, ed. Meir Dan Cohen (Oxford University Press, 2012).

② 来源于 1662 年《公祷书》(*Book of Common Prayer*),载 *The Book of Common Prayer:The Texts of 1549, 1559, and 1662*, ed. Brian Cummings (Oxford University Press, 2011), 267:"上帝,人类的创造者和保护者,我们谦卑地为所有人和有条件的人祷告,我们为所有寻求上帝或渴望更深切认识上帝的人祷告,为各国人民的健康祷告。"

相反,类地位表征的是**这类人**(the sort of person)的法律主体地位。现代社会很难发现类地位的区分了,这是值得庆幸的事。但历史地看,你可以想想农奴制和农奴身份。或者,你可以想想种族制度,比如南非从 1948 年到 1994 年的种族隔离制度,或者美国从 1776 年到 1865 年的奴隶制。这些制度区分了不同种类的人,根据种族赋予人们或多或少永久性的不同地位。①你也可以想想贵族制——我指的是贵族的身份地位制度,而不仅仅是某个绰号或者上议院中的席位。长久以来,我们的法律制度赋予女性特殊的地位。这种类地位代表了人们长期的处境和命运。它们甚至影响了有条件的地位。比如,社会地位低的人受到的惩罚与地位高的人不同,执行处罚的形式和监禁的形式都有可能不同。②

关于人类基本平等原则的一种思考方式是,它否认存在类地位的差异,后者与人类之间的种类差异互相关联。基本平等原则拒斥以前几乎所有人都赞同的观点:需要根据不同种类的人来制定法律。现在,我

---

① 例如,可参见 1856 年首席大法官坦尼在德雷德·斯科特诉桑福德案(Dred Scott v. Sandford, 60 U. S. 393, 407)中的意见:"在法院看来,法律、历史记录和《独立宣言》中所使用的语言都表明,被贩卖为奴隶的人及其后裔,无论他们是否已成为自由人,都不被承认为人民的 部分,也没有打算被纳入那份令人难忘的文书所使用的一般用语中。……他们在一个多世纪以前就被认为是劣等的人……而且到目前为止一直被视为劣等人,他们没有与白人相一致的权利;为了利益,黑奴可以合理合法地沦为奴隶。只要有利润,黑奴就会被买卖,并被当作普通的商品和贸易品来对待。这个观点……是道德领域和政治领域的公理,没有人会反驳,或者认为应该反驳。"

② 参见 James Whitman, Harsh Justice: *Criminal Punishment and the Widening Divide between America and Europe* (Oxford University Press, 2005)。

们主张只有一种类地位:作为人格的类地位。① 用格罗戈里·弗拉斯托斯(Grogory Vlastos)的话来说,我们只有"一种社会地位"②。当然,我们承认人们之间存在着有条件地位的差别,比如,破产者、未成年人和罪犯,等等。但是,我们相信只有一种类地位——一种人类——在这个类地位之上有条件的地位才得以形成。基本平等原则认为这是一个原则性问题,并以此作为批评实定法的基础。

我们关于人权的信念最清楚地表达了这一点。我们认为在任何情况下,每个社会都应当保护和尊重每个人的基本权利。这是每个人都有权享有的保护、自由、权力和道德利益,作为他或她的人类地位所要求得到的关怀和尊重的一部分。动物也可能拥有这些权利(或者拥有与它们相应的权利),但大部分权利只有与人的独特能力和潜能相联系才有意义。它们与人的地位、人的尊严相关。

---

① 格雷维森(Graveson)认为,地位是"一种具有连续性和制度性特征的特殊条件,不同于法律所赋予正常人的法律地位(*differing from the legal position of the normal person*)……因此,一个获得某种地位,保持某种地位,某种地位的消失和遭遇到的事变就是社会应该关注的问题"(我的强调)。因此,"一种—地位—社会"在语词上就是矛盾的。英国学者特别倾向于强调身份是一种特殊的东西,他们将地位概念与罗马法中正常的自由人的地位区分开来。我一直不理解英国学者为什么持这种观点。在我看来,正常人的法律人格不但包含了法律地位,而且能够满足其他所有方面的要求。法律规定了作为背景的权利(例如,人权、公民自由)、作为背景的义务(例如,侵权行为法和刑法中的义务)以及作为背景的能力(例如,合同自由、遗嘱能力),这些都无需正常人的同意。这些都是公共政策应该关注的问题,对一个外国人或孤儿也同样如此。参见 R. H. Graveson, Status in *the Common Law* (Athlone Press, 1953), 2。相关讨论也可参见 Waldron, *Dignity, Rank and Rights*, 57 - 61。

② Gregory Vlastos, "Justice and Equlity" (1962), in *Theories of Rights*, ed. Jeremy Waldron (Oxford University Press, 1984), 41 - 76.

第 三 节

在过去 50 年中,哲学文献中有大量关于社会平等和经济平等的讨论。哲学家们已经充分讨论了各种支持或反对平等主义的观点。如果我们是平等主义者,我们应该追求什么样的社会平等和经济平等呢?[1] 我们应该追求福利的平等,资源的平等,机会的平等,基本善的平等,还是对生活非常重要的能力平等呢? 关于经济平等的理论五花八门:差异原则、机会平等主义、优先主义,等等(这些对我的一些听众来说是专业术语,而对其他人来说则非常晦涩)。自 20 世纪 60 年代罗尔斯讨论正义问题以来,这些主题和理论就成为政治

---

[1] 参见 Amartya Sen, "Equality of What?," in *Choice*, *Welfare and Measurement* (MIT Press, 1982), 353 - 370。亦可参见 Ronald Dworkin, "What Is Equality? Part 1: Equality of Welfare," *Philosophy and Public Affairs* 10 (1981): 185 - 246, 收录于 Ronald Dworkin, *Sovereign Virtue*: The Theory and Practice of Equality (Harvard University Press, 2000), 11 - 64; Ronald Dworkin, "What Is Equality? Part 2: Equality of Resources," *Philosophy and Public Affairs* 10 (1981): 283 - 345, 亦可参见 Dworkin, *Sovereign Virtue*, 65 - 119; David Miller, "Arguments for Equality," in *Midwest Studies in Philosophy*, vol. 7, *Social and Political Philosophy*, ed. Peter French et al. (University of Minnesota Press, 1982), 73; Larry Temkin, "In equality," *Philosophy and Public Affairs* 15 (1986): 99; Amartya Sen, In *equality Reexamined* (Harvard University Press, 1992); Derek Parfit, Equality or Priority? (University of Kansas, 1995); Harry Frankfurt, "Equality and Respect," Social Research 64 (1997): 3; Elizabeth Anderson, "What Is *the Point of Equality*?," *Ethics* 109 (1999): 287; Richard Arneson, "Equality and Equal Opportunity for Welfare," *Philosophical Studies* 56 (1990): 77; G. A. Cohen, *Rescuing Justice and Equality* (Harvard University Press, 2008); George Sher, *Equality for Inegalitarians* (Cambridge University Press, 2014)。也可参见两本重要的论文集:J. Roland Pennock and John Chapman, eds., *Nomos IX: Equality* (New York University Press, 1967), and Louis Pojman and Robert Westmoreland, eds., *Equality: Selected Readings* (Oxford University Press, 1997)。

哲学的主要问题。① 我想说的是，与我下面演讲所提出问题的深度相比，这些理论相对来说都是表层的。说他们都是表层的，并不是说它们都是肤浅的。这些是政治哲学最棘手的问题，这也是为什么有如此多的论著讨论它们的原因。

近年来，学界讨论基本平等的著作相对较少了——也就是讨论我这些演讲主题的论著不多见了：这个主题就是从根本上说我们彼此对等。只有伯纳德·威廉姆斯（Bernard Willimas）的一篇旧文曾略加讨论，我所提过的弗拉斯托斯在一篇论文中也有所涉及。罗尔斯的大作《正义论》在结尾花了 8 页着重讨论了这个问题。② 我在 15 年前写了一篇关于基本平等的长篇研究报告，但一直没有发表，尽管以地下出版物的形式在 SSRN 上广为流传。③ 这篇报告

① 参见 John Rawls，"Justice as Fairness," *Philosophical Review* 67（1958）：164 - 191，再版于 John Rawls，*Collected Papers*，ed. Samuel Freeman（Harvard University Press，1999），47 - 72；John Rawls，"The Sense of Justice," *Philosophical Review* 72（1963）：281 - 305，再版于 Rawls，Collected Papers，96 - 116。也可参见 John Rawls，*A Theory of Justice*（Harvard University Press，1971）and *Justice as Fairness*：A Restatement，ed. Erin Kelly（Harvard University Press，2001）。

② Bernard Williams，"The Idea of Equality"（1962），in *Problems of the Self*（Cambridge University Press，1973），230 - 239；Vlastos，"Justice and Equality"；and Rawls，*A Theory of Justice*，504 - 512。

③ Jeremy Waldron，"Basic Equality," NYU School of Law，Public Law Research Paper No. 08-61（December 2008），http://ssrn. com/abstract=1311816. 2000 年，我以这篇论文为基础在苏格兰圣安德鲁斯大学举办马尔科姆·诺克斯（Malcolm Knox）讲座。吉福德的这些讲座是对这篇文章的重新思考和扩充。

算是讨论基本平等比较晚近的文献了。[1] 最新的讨论包括两本论文集;一本是《社会平等:论平等意味着什么?》,另一本的题目就是一个设问:《所有人都具有平等的道德价值吗?》。[2]

这些重要文献讨论的第一问题是一个社会(或一个家庭、一个公司、一段友谊)应该如何组建起来从而确保其成员彼此对等。[3] 这里关涉到关系平等概念(与分配平等相对立)。与分配平等相比,关系平等更接近我说的基本平等。但这两者——基本平等和关系平等——并不是等同的。有时,以所有人都具有平等的道德价值为前提,我们主

---

① 其他关于基本平等的论文,参见 Herbert Spiegelberg, "A Defense of Human Equality," *Philosophical Review* 53 (1944): 101 - 124; Joseph Margolis, "That All Men Are Created Equal," *Philosophical Review* 52 (1955): 337 - 346; John H. Schaar, "Some Ways of Thinking about Equality," *Journal of Politics* 26 (1964): 867 - 895; Richard Wasserstrom, "Rights, Human Rights, and Racial Discrimination," *Journal of Philosophy* 61 (1964): 628 - 641; John Wilson, Equality (Harcourt, Brace and World, 1967), chap. 2; Stanley Benn, "Egalitarianism and the Equal Consideration of Interests," in Pennock and Chapman, *Nomos* IX, 61 - 78; Steven Lukes, "Socialism and Equality" (1974), in *Essays in Social Theory* (Macmillan, 1977), 98 - 105; Vinit Haksar, *Equality, Liberty and Perfectionism* (Clarendon Press, 1979), chaps. 2 - 3; D. A. Lloyd Thomas, "Equality within the Limits *of Reason Alone*," *Mind* 88 (1979): 538 - 553; Amy Gutmann, *Liberal Equality* (Cambridge University Press, 1980), chap. 1; Dworkin, "In Defense of Equality"; Louis Pojman, "Are Human Rights Based on Equal Human Worth?," *Philosophy and Phenomenological Research* 52 (1992): 605 - 622; John Coons and Patrick Brennan, *By Nature Equal: The Anatomy of a Western Insight* (Princeton University Press, 1999).

② Steinhoff, *Do All Persons Have Equal Moral Worth?*; Carina Fourie, Fabian Schuppert, and Ivo Wallimann Helmer, eds., *Social Equality: Essays on What It Means to Be Equals* (Oxford University Press, 2015).

③ 参见 Samuel Scheffler, "The Practice of Equality," in Fourie et al., *Social Equality*, 21 - 44.

张应该把我们的社会建构成一个平等者的社会。① 那些讨论关系平等的人大多着力讨论的不是关系平等的基础,而是关系平等所要求的结构和实践。这些人不仅对区分关系平等与分配平等感兴趣,而且对关系平等自身是否需要相应的分配平等感兴趣。② 有时似乎会出现的情况是,我们从基本平等走向关系平等,再到分配平等。③ 我并不赞同这一点。我认为在有些情况下,基本平等自身就具有分配平等意蕴。当然,关系平等无疑是重要的。在第二讲中,我将多谈一些,因为我认为其包含了一些基本平等最恰当的规范性推论。再重申一下,我认为基本平等与关系平等并不相同,我们需要探讨两者之间的确切联系。

近来讨论基本平等的优秀哲学著作不多并不意味着这个问题不重要。这个问题非常重要:很多将分配平等视为政策目标的理论前提实际上都是基本平等,都是建立在基本平等基础上的。

让我们看看德沃金早期著作讨论平等的一些例子。在我看来,德沃金提出的问题是表层的分配问题。他的问题是:"假定某个共同体需要将金钱或其他资源分配给每个人,此时必须在多种分配方案中作出选择,哪种方案将人们视为平等的呢?"④有人可能回答说,这个方案的目标应该是实现所有人痛苦与享受之间净收益的平等。毕竟,"对几乎每一个人来说,痛苦和得不到满足都是有害的,同时,对几乎每一

---

① 参见 Samuel Scheffler, "What Is Egalitarianism?," *Philosophy and Public Affairs* 31 (2003): 5 – 39, at 33。

② Scheffler, "The Practice of Equality," 44.

③ Scheffler, "What Is Egalitarianism?," 31.

④ Dworkin, "What Is Equality? Part 1," 185 – 186.

个人来说,快乐和享受都是重要的,都是生活所向往的"①。但正如德沃金所说的那样,不同的人在他们生活中赋予这些意识状态的分量是不一样的。运动员可能愿意承受更多痛苦以获得更好成绩,而非运动员则会把获得好成绩的乐趣看得低些,希望承受的痛苦要少一些。用这种意识状态作为衡量平等的标准并不是平等地对待每个人。因为它使人们生活的这些方面都变成相同的了,但实际上人们在这些方面的价值诉求并不相同。因此,这个论证假定了我们可以诉诸基本平等——平等地对待每个人——来批判一些试图实现分配平等的政策。

在后来的一篇文章中,德沃金提出了另一种论证思路,这次他所反对的是人为地长期保持资源平等(比如,财富平等)。他认为这忽视了人的选择,忽视了人的选择就意味着不是平等地对待每个人。② 平等地对待每个人意味着将每个人视为一个能动者和对自己负责的选择者。③ 这里,基本平等的原则——德沃金称之为平等的关怀和尊重——是一个潜在的重要前提。这种表层的平等对待是否值得追求取决于其与深层平等之间的关系。德沃金花了数年时间着力探讨这个问题,也就是基本平等与社会分配、经济分配的"选择取向"和"机会取向"之间的关系问题。④

更具体地说,不难发现,彼此对等地对待有时可能需要各种不平等对待。⑤ 比如,我们会招募健壮的人当消防员,招募年轻人而不是老

① Dworkin,"What Is Equality? Part 1,"221.

② Dworkin,"What Is Equality? Part 2."

③ 也可参见 Sher, *Equality for Inegalitarians*。

④ 也可参见德沃金《至上的美德》(*Sovereign Virtue*)中收录的论文。

⑤ 这个例子取自 Jeremy Waldron,"The Substance of Equality," *Michigan Law Review* 89 (1991): 1350–1370。

年人当消防员。这种方式是区别对待,但我想这种表层的区别是合理的,因为这种策略考虑了所有人的利益。当考虑到所有人利益时,消防员必须是健壮的且相对年轻。因此,我们诉诸一个更深层的平等概念——对利益的平等考虑——来证明不平等地对待消防员的应聘者是合理的。当我们作出这个论证时,我们在表层上作了区分。但在必须服务大多数人利益这个层次上我们没有作出区分。也即是说,我们证明了录用相对年轻的人当消防员对老年人和年轻人都有好处,同样,录用健壮的人当消防员对于那些身体状况相对弱的人也有好处。当我们诉诸所有人的利益来证明这种表层不平等的合理性时,我们就是将彼此视为对等的。在考察这些问题时,基本平等原则发挥了审查和校验的作用。

正如我所说的那样,这种看待问题的方式——区分平等对待(equal treatment)和作为平等者对待(treatment as an equal),并认为后者必须支撑和规训前者的观点——要归功于德沃金(虽然我举的例子并不是他的)。基本平等和表层平等的区分是他著作的基本论点。然而在他成果丰硕的学术生涯中,德沃金教授并没有具体阐释平等的关怀与尊重原则。他提出了这个术语:几乎在他的著作中反复提起,[1]但他对基本平等的细节讨论却不多。[2] 平等的关怀和尊重意味着什么? 如果是我们的本性要求平等的关怀与尊重,那么我们的本性是什

---

[1] 例如,参见 Ronald Dworkin, *Taking Rights Seriously* (Harvard University Press, 1977), 180 - 183, 227, 272 - 278; Ronald Dworkin, *Law's Empire* (Harvard University Press, 1986), 200 - 202, 291 - 295; Dworkin, *Sovereign Virtue*, *passim* 以及 Ronald Dworkin, *Justice for Hedgehogs* (Harvard University Press, 2011), 2 - 4。

[2] 一个例外是 Dworkin, "In Defense of Equality," 但德沃金的讨论让人感到意犹未尽。

么? 对它的否认将会带来什么? 我们知道种族主义者和性别歧视主义者并不认为所有人都是平等的,他们根据种族和性别把人区分开来。通常这种区分包含着冲动情绪且相对隐蔽。但值得追问的是,有没有理性的种族主义者,如果有,那么是否值得相信? 如果必须捍卫平等这个根本假设,批判实际生活中明显的反对者,我们必须反驳什么?

我已经说了,对这些问题的讨论并不充分,但最近几年,这种现象已经有所改观,在政治哲学中出现了一些讨论。① 本书及其所依据的讲座正是这个新动向的一部分。但我的讨论比当下哲学讨论的范围要广一点。我将讨论几乎与基本平等相关的所有问题,即使是训练有素的哲学工作者也很容易忽略其中的一些方面。

第 四 节

先谈一点,在最近一篇名为《无足轻重的价值概念》的论文中,赫克托·威特韦尔认为,任何科学话语和哲学话语都应该排除像"所有人都是按照上帝形象被创造的这样的宗教教义"。我没有排除宗教教义的特权(即使有,我也不愿意使用)。吉福德勋爵(Lord Gifford)设立这个讲座的目的是:

> 在最宽泛的意义上"促进、提升、教育、传播自然神学的研究",也就是,"关于上帝、无限者、大全者、第一和唯一的动因、唯一

---

① 例如,参见一些论文,载 Steinhoff, *Do All Persons Have Equal Moral Worth?* 也可参见 Nicholas Wolterstorff, *Justice: Rights and Wrongs* (Princeton University Press, 2008), and Nicholas Mark Smith, *Basic Equality and Discrimination: Reconciling Theory and Law* (Ashgate, 2011)。

者和唯一实体,唯一的存在、唯一的现实、唯一的实存的知识,关于
他的本性和属性的知识,关于人类和整个宇宙关系的知识,关于伦
理或道德的性质和基础以及由之产生的义务和责任的知识"①。

根据这一要求,不在宗教语境中探究基本平等并不合适,丝毫不讨论
我们所有人在上帝眼中都是平等的也不恰当。

当然,关于基本平等的论证——与哲学家们讨论的完全是一样的论
题——能够在(宗教)领域找到,但到了20世纪,这种宗教论证已经不多
见了。当生而平等的信奉者或者相信我们都是上帝按照自身形象创造出
来的信徒讨论这个问题时,他们讨论的主题与我演讲的主题是一样的。
我也会讨论他们的观点。我当然不排除纯粹从世俗角度讨论基本平等,
我的讲座中很多讨论都是世俗性质的,但偶尔的宗教色彩也非常明显,特
别是在第五讲中,我将主要讨论这个问题。犹太教和基督教传统一致认
为,人们之间的规范性平等与他们和上帝的关系联系在一起。我认为这
不是简单的神圣命令或灵魂不朽问题,而是一个复杂的问题。宗教论
证者们引用了世俗论证中的一些因素——人的理性、道德主体、人格自
主,等等——但他们将这些与创造、救赎和拯救这一套特殊叙事结构联
系起来。他们认为每个人的生命都具有这种意义结构且同等重要。

我并不像现代政治自由主义那样局限于公共理性的幻想,羞于或
者避免展开宗教论证。② 在他们看来,基本平等、人的尊严、人的价

---

① *Trust, Disposition and Settlement of the late Adam Gifford, sometime one of the
Senators of the College of Justice, Scotland, dated 21st August 1885*, http://
www. Giffordlectures. org/lord - Gifford/will.

② 参见 John Rawls, *Political Liberalism* (Columbia University Press, 1993), 212ff。
我将在第五讲进一步讨论这个问题。

值——如果可以使用这些术语的话——植根于人的形象。但如果在一些人看来,神学人类学最严肃、最深层地讨论了人的形象和什么对人是最重要的,那么我们就不得不对之展开研究。这并不是说我们的讨论已经不再必要,而是说神学人类学提供了一些线索,我将在其中一讲专门讨论这个问题。

另一方面,尽管犹太教和基督教神学传统为人的平等原则提供了有力支撑,但我清楚地意识到,宗教教义可能同时具有相反的作用。圣经的章节和诗歌已经被用来为奴隶制和不平等辩护,人们引用了创世纪9:22-26和约书亚9:23。[①] 我不是说他们对这些章节的解释都是正确的,但他们的确引用了这些章节。关于性别不平等也是如此——人们引用了创世纪3:16和哥林多前书11:3。[②] 人们有时会运用宗教观念——吉福德勋爵的陈述中也暗示了这一点——来论证他们的信念:不同种类的人有着不同的尊严、权利、价值和地位。如果我们对此不加以讨论,那将是错误的。如果认真对待宗教观点,我们就必须遵循他们的方向。我们不能排除这种可能性,在讨论的最后,诸如基督教、犹太教这样伟大的宗教可能并不支持、并不假定基本平等,

① Genesis 9:22-26:"迦南的父亲含,看见自己的父亲赤身,就到外边告诉他两个弟兄。于是闪和雅弗拿件衣服搭在肩上,倒退着进入,给他父亲盖上,他们背着脸就看不见父亲的赤身。挪亚醒了酒,知道小儿子对他所做的事,就说:'迦南当受诅咒,必给他弟兄作奴仆的奴仆。'又说:'耶和华闪的神是应当称颂的,愿迦南作闪的奴仆。'"Joshua 9:22-23:"约书亚召了他们来,对他们说:为什么欺哄我们说,我们离你们甚远呢?其实你们是住在我们中间。现在,你们是被诅咒的!你们中间的人必断不了做奴仆,为我神的殿劈柴挑水的人。"备注:所有的圣经引文来自钦定版圣经(King James Version)。
② Genesis 3:16:"又对女人说:我必多多加增你怀胎的苦楚,你生产儿女必多受苦楚。你必恋慕你丈夫,你丈夫必管辖你。"I Corinthians 11:3:"我愿意你们知道,基督是各人的头,男人是女人的头,神是基督的头。"

并不是建立在平等基础上,也可能对这个原则毫不关心,甚或反对这个原则,尽管看起来可能并非如此。我们必须讨论这些可能性,考虑这些可能性意味着什么。

第 五 节

我不仅没有忽视这些可能性,而且接下来我将讨论一个极其惊人的案例。我们将讨论拉什达尔牧师,他似乎强烈反对基本平等。我们讨论他的作品并不是说今天我们需要给他的问题一个答案——他的书大约是 1907 年在英国写的——而是因为他的立场在很多方面清楚地提示了当我们说彼此对等时,我们应该拒绝什么。

我希望你们不要认为拉什达尔的例子过于冒犯了。在哲学讨论中,人们有时需要假装成一个怪人。例如,在哲学导论中,人们需要假定似乎不知道太阳明天是否会升起。只有当某人的思考在日常标准看来显得是"冷漠的、牵强的和荒唐的"①,那么他才是在研究哲学。一些哲学家非常清楚地理解这一点——在他们的哲学中排除了个人情感因素。在道德哲学中,这种方法意味着需要严肃认真对待某些事情,尽管这种方法在正常**道德**(*moral*)标准看来是多么的无礼,尽管这会使道德哲学陷入一个令人不满的境地。所以在这些演讲中,我们将继续严肃地处理这个问题。尽管在其他语境中,人们会将之视为错误

---

① David Hume, *A Treatise of Human Nature*, ed. L. A. Selby-Bigge (Oxford University Press, 1888), 269 (bk. 1, pt. 4, §7).

的和令人讨厌的而加以抛弃。①

赫斯廷·拉什达尔(Hastings Rashdall)博士是一位哲学家,一位英国圣公会任命的牧师。他是牛津新学院(New College,Oxford)的教师②,是亨利·西季威克(Henry Sidgwick)和托马斯·希尔·格林(T. H. Green)的学生,也是基督教社会联盟(Christian Social Union)的成员。后来,他成为赫里福德教堂的教士,再后来当了卡莱尔学院院长。③ 1922年,他受邀在圣安德鲁斯举办吉福德演讲,但由于身体原因,他谢绝了。④ 1907年他出版了两卷本的著作《善与恶的理论:论道德哲学》。这是一部关于伦理理性主义和功利主义的著作,在很多方面与乔治·爱德华·摩尔(G. E. Moore)的伦理学非常相似。⑤ 作为神学家和哲学家,拉什达尔属于英国圣公会的自由主义者。⑥ 但他的

---

① Uwe Steinhoff, "Against Equal Respect and Concern," in Steinhoff, *Do All Persons Have Equal Moral Worth?*, 142-143。施泰因霍夫(Steinhoff)认为我的这个说法是哲学家们未能充分论证基本平等的正当性(或缺乏正当性)的借口。我向他保证不是这样的,但他的说法也值得重视。

② 在新学院的博物馆里还能看到这个纪念牌:"纪念赫斯廷·拉什达尔博士(1858—1924),学者、教授、导师、新学院荣誉研究员、卡莱尔学院院长,历史学家、哲学家、神学家。在思想上无所畏惧,博学多才、风趣幽默。在他的作品中、教学中、公共服务中,他为他的时代贡献了一种对美德、知识和真理的罕见的热情。"

③ P. E. Matheson, *The Life of Hastings Rashdall DD* (Oxford University Press, 1928).

④ P. E. Matheson, *The Life of Hastings Rashdall DD*, 212.

⑤ Hastings Rashdall, *The Theory of Good and Evil:A Treatise on Moral Philosophy*, 2nd ed. (Oxford University Press, 1924). The comparison is to G. E. Moore, *Principia Ethica* (Cambridge University Press, 1903) and *Ethics* (Williams and Norgate, 1912).

⑥ "拉什达尔潜心研究自由主义的理性主义的基督教。他心地善良、勤奋、博学、虔诚,致力于使神学现代化。"参见 Gary Dorrien, "Idealistic Ordering: Hastings Rashdall, Post-Kantian Idealism, and Anglican Liberal Theology," *Anglican and Episcopal History* 82 (2013): 301。

圣经学习和对基督教的信念与忠诚并没有使他反对哲学种族主义。①

在拉什达尔著作第一卷第五章关于正义的讨论中,他提出了这样的问题,"在我们的社会安排中,应该提升和促进哪些人的幸福和善?在什么程度上?"如果让我们回答,答案很明显——"每个人的善,如果可能的话,都应该平等地对待",拉什达尔却没有给出这一答案,而是开始考虑这样的可能性:人们获得善的能力截然不同。与约翰·斯图亚特·穆勒一样,他区分了高级形式和低级形式的幸福;但与穆勒不同,他不认为在原则上每个人都能获得高级形式的幸福。② 相反,拉什达尔认为,"能够接受最高理智教育和享受与这种高级教养相对应的幸福的无疑只是少数人,那种认为他们对好生活的享受与社会水平上

---

① 当看到维尼特·哈克萨(Vinit Haksar)在其著作的开篇中批评拉什达尔时,我充分意识到了这一点。参见 Vinit Haksar, *Equality, Liberty and Perfectionism* (Oxford University Press, 1979),2。我之前在拉什达尔的其他著作中已经注意到这一点,也就是他讨论属性的论文《哲学理论中的属性概念》。参见 Property: *Its Duties and Rights: Historically, Philosophically and Religiously Regarded*, ed. Charles Gore (Macmillan, 1913),37。

② Cf. John Stuart Mill, *Utilitarianism*, ed. George Sher (Hackett, 2002),13 (chap. 2).当谈到"教导人们生活的目的乃是幸福的哲学家们"所构想的生活时,穆勒这样说道:

> 他们所谓的幸福,并不是指一种狂欢的生活,而是指生活中痛苦少而短暂,快乐多而变动不居,积极主动的东西远远超过消极被动的东西,并且整个生活的基础在于,对生活的期待不超过生能够赐予的。这样一种生活,对于有幸得到的人来说,是永远值得称之为幸福的东西。而且这样的生活,甚至现在也有许多人在自己一生的许多时候有幸享有。对于几乎所有的人来说,阻碍他们享有这种生活的唯一真正障碍,是糟糕的教育和糟糕的社会制度。

当然,穆勒在《论自由》的开篇讨论了他的伤害原则,他认为伤害原则不能运用到"未成年的种族",也就是"野蛮人"需要由穆勒和他的父亲这样的人统治。但是,他认为这些种族最终也能实现完全的自由和完全的幸福。参见 On Liberty, ed. Currin Shields (Bobbs-Merrill, 1956),14 (chap. 1)。

低于他们的人是相同的观点是值得怀疑的"①。但是,拉什达尔认为,我们仍然需要确保**能够**(can)享受更高形式善的人得到满足,不管这需要其他人作出什么样的牺牲。② 否则的话,我们能够期盼的最佳状态将是,"迟钝愚笨者普遍心满意足,教育范围普遍扩大,包括主日学校和力学研究所"③。(我想他之所以这样说是因为那是 1907 年。)他这样写道:

> 我将举一个例子,这个例子可能没有人会怀疑。在现时代,大家都能接受,对于高等民族社会条件的改善需要排除低等民族的竞争。这意味着,迟早有一天,较低民族的幸福——可能最终就是无数中国佬和黑人的幸福——必须被牺牲,而享受较高幸福的只能是少数白人。④

他进一步强调(可能是不必要的),不可能根据平等对待原则来进行反驳。⑤ 拉什达尔继续说道,"如果我们这样反驳"——他似乎毫不怀疑我们将会这样做⑥——"我们必须坚守这个原则,与较低层次的生活相比,更高层次的生活内在地、自在自为地更有价值,尽管只有少数人

---

① Rashdall，*The Theory of Good and Evil*，234.
② "至少存在着这种思辨的可能性,即只有通过牺牲众多人的生活才能满足少数人的生活,不可能补偿这些众多人的利益。在这种条件下,我们认为不应该牺牲更高层次的生活,所以我们至少抛弃了迄今为止我们所理解的平等关怀原则。"Rashdall，*The Theory of Good and Evil*，238.
③ Rashdall，*The Theory of Good and Evil*，238.
④ Rashdall，*The Theory of Good and Evil*，238-239.
⑤ Rashdall，*The Theory of Good and Evil*，239.
⑥ "拉什达尔理所当然地认为,他的听众和他一样,都认为英国殖民下的黑人和其他民族是下等人。因此,他很少费心为自己的偏见辩护。在他看来,黑人的劣等是显而易见的,这没有什么可争辩的,这只是一个参照物或例子而已……甚至没有必要将文化上的白人至上主义与更有害的关于人的本体论差异区分开来。种族既是一个文化概念,也是一个生物学概念,在这两个层面,黑人都是真正的下等人。"参见 Dorrien，"Idealistic Ordering,"303.

能够享受这种更高层次的生活,尽管这种更高层次的生活对那些不享受这种生活的人来说没有什么价值。"①

这绝不是某种反讽,这种明确的种族主义或对于"中国佬和黑人"(他的术语)幸福的歧视也绝不是反讽。他在一个注释中明确说过,"更为困难的是确定应该排除哪些民族,比如日本民族同样也是文明开化的,但他们的欲求比西方人要少了许多"②。拉什达尔的世界观听起来非常糟糕。这不是白人的责任(White Man's Burden),而是白人的特权(White Man's Privilege)。这也不是"**文明的使命**"(*mission civilisatrice*)。这种观点赤裸裸地认为,文明对于大部分人来说是无用的,这部分人的利益应该从属于那些有能力从文明中获得好处的人。拉什达尔的观点是明确地建立在这个假定基础上的:"当与少数欧洲人的更高幸福相冲突时,黑人的幸福是无关紧要的。"③在拉什达尔看来,这个假定的理由是正当的,而不是一种简单的非难。④ 在这本书的结语部分,他这样写道:"与那些较低能力的相比,具有更高能力(即获得更高幸福的能力)的个人或种族应该获得比被平等对待更多的权利。"⑤

当下,任何道德哲学或政治哲学的著作都不会按照拉什达尔的思路将人类分成不同种族,虽然在哲学领域之外,仍然有人这样做。现代民主主义谴责种族主义,基本平等原则对之也坚决反对。当然,哲

---

① Rashdall, *The Theory of Good and Evil*, 239.

② Rashdall, *The Theory of Good and Evil*, 239n.

③ Rashdall, *The Theory of Good and Evil*, 241.

④ "拉什达尔的偏见和帝国野心是如此的普遍,以至于这个与他的自由主义启蒙观点不相吻合的结论没有受到任何挑战。"参见 Dorrien, "Idealistic Ordering," 308 – 309。

⑤ Rashdall, *The Theory of Good and Evil*, 242.

学界也有一些反对基本平等的抽象概念的声音——彼得·辛格(Peter Singer)就反对人类的物种歧视——我将在第六讲中集中讨论这个问题。[①] 但辛格批判物种歧视与拉什达尔的哲学种族主义没有关系。我在这里列举拉什达尔是为了说明最臭名昭著的不平等学说。基本平等理论的确需要关注辛格的问题,但我确定,辛格一定和我们一样激烈地反对拉什达尔的哲学种族主义。拉什达尔的观点是错误的,这一点我们很容易达成一致,但即便如此,这并不意味着我们不需要分析这一观点为什么是错误的以及错误的确切原因。在关于拉什达尔的讨论中我们要批判的究竟是什么? 仅仅是种族主义吗? 这里还有一个语气的问题,来源于爱德华时代牛津大学高级会议厅(Edwardian Senior Common Room)中漫不经心的自鸣得意。但拉什达尔的哪些判断错了? 他做出的区分错在哪里? 我们与他的差别好像是原则性的,但差别指的是他的事实性假设,还是从假设推演出来的伦理推论?[②]

　　困扰我们的可能是拉什达尔观点中的功利主义:为了一些人更大的善而牺牲另一些人。拉什达尔可能沿用了一些传统功利主义观点。**为了普遍善**(*for the sake of the general good*)必须牺牲"无数中国佬或黑人"的幸福。根据功利主义方法,在对某项政策进行评估时,那些将要被牺牲的人的利益也要计算进去,而且是以平等的方式计算,只不过在拉什达尔这里,一些人显得无足轻重。如果这是理解拉什达尔观点的最佳方式,那么他的理论困难不过是大家所熟知的一个功利主

---

① See Peter Singer, "Speciesism and Moral Status," *Metaphilosophy* 40 (2009): 567 - 581.

② Dorrien, "Idealistic Ordering," 305,道伦(Dorrien)指出,拉什达尔认为平等原则是"基督教世界观和基督教伦理固有的本质",这就使问题更加复杂了。

义案例而已：功利主义似乎支持为了其他人更大的利益或者大多数人的利益而牺牲一些人的利益，只不过这种牺牲程度超出了我们道德"直觉"所允许的范围。我并不想低估这个困难的重要性。但这已经被充分研究了，这也不是我讨论的主题。（我也不想讨论拉什达尔荒谬的事实性假设，为了以功利主义证明拉什达尔的种族主义正当合理而不得不作出这一假设。）

但其实拉什达尔的观点并非如此。他说的是为了少数人的利益可以牺牲无数人的利益，就我所知的功利主义而言，没有任何真正的功利主义会支持这种计算方法。我们在很多问题上与功利主义者存在着差别，但在平等问题上没有差别。功利主义者从根本上说是赞同基本平等原则的："每个人都要算一个，谁也不能超出一个。"（Everybody to count for one, nobody for more than one.）①在社会计算中，每个人的快乐、每个人的利益、每个人的幸福和痛苦都是相同的。但拉什达尔似乎对此置之不理，他认为，"不可能仅仅根据平等原则自身的字面意义来质疑这种政策（他指的是种族政策）的道德属性"②。这就是为什么我认为更准确的解释是，他相信"中国佬和黑人"的幸福不应该像功利主义（或者其他类似的结果论或目的论）主张的那样与"白人"的幸福等量齐观。

为什么不能呢？这不是肤色的问题。③ 拉什达尔并不像 R. M. 黑

---

① 我将在第二讲（第七节）讨论这句格言。
② Rashdall, *The Theory of Good and Evil*, 239. 然而，请注意拉什达尔接着说，他的观点可以与边沁的格言相一致，如果后者被表述为"如果其他条件不变，每个人都要算一个。"（240）。
③ Smith, *Basic Equality and Discrimination*, 37.

尔那样"狂热",会陷入白色崇拜,只要谁的肤色与他一样就偏爱谁。①拉什达尔的立场是能力的根本差别与血统相关,这种差别似乎足以为了道德目的区分不同人种。我认为这是他的观点,也是我想反驳的地方,但要找到问题的症结并不那么容易。

第 六 节

拉什达尔的论证并不是无逻辑的或非理性的,似乎他对某人与其他人的特质是同样的或一样出色视而不见,或者对某人的痛苦、失望与他人也是一样的视而不见。这也不是一种偏爱,就像有些人明明知道自己的孩子并没有优于其他孩子的特权,但仍要求给予他们的孩子更多关心那样。拉什达尔认为,他以合乎理性的方式回应了非常重要的客观的道德差别。

当我们发现他试图从我们对待动物的道德义务中引申出人类的伦理道德,从而建构起那令人生厌的立场时,我们就能明白这一点。拉什达尔注意到大多数人——大多数,而不是全部——对动物有某种关爱,但他们对动物的关爱要少于对人的关爱,或与对人的关爱不同,而且他们认为这是恰当的。我们反对虐待动物,但另一方面,很多人都宰杀动物,把动物当作食物,我们对喂养、繁殖和宰杀动物中所带来的痛苦折磨视而不见。这毫无疑问源于广为流传的错误信念。虽然我们并不原谅虐待动物,但是我们的确相信人类与动物的区分是合理的,或者说,很多人都相信这一点。我们的道德信念中已经有了这种

---

① R. M. Hare, *Freedom and Reason* (Oxford University Press, 1963), chap. 9.

观念,在哺乳动物中有一个巨大的道德断裂。各式各样的动物以不同的方式发荣滋长,遭受痛苦。但当我们讨论人的时候,我们说的是某种特殊的物种。这里的关键在于,尽管我们在不得不面对动物的痛苦时会产生同情,但我们不会提出任何与改善底层群众相似的计划来改善动物的生活。从某种意义上说,这也是一个实践问题:只要有足够的资源和耐心,我们可以教育伦敦穷苦孩子学会阅读、歌唱,但不可能对一只猫那样做,不管我们怎么努力尝试。如果我们尝试这样做,结果必定是毫无意义的且只会惹怒猫。

所以,实际上拉什达尔提出了一个令人尴尬的问题,使认同这种观点的人走向了这个境地:是否可以根据类似的方式来证明人的领域也存在着这种区分呢?尽管我们承认动物的痛苦"不应该被彻底忽略",拉什达尔说道,"但很少有人会花钱优先改善一匹被精心照料的伦敦拉货的马的生活水平,以达到一个阔气啤酒商的马的生活标准,而不是优先改善人的生活条件。"①

我们花钱改善伦敦人的生活,但我们不会花钱改善伦敦拉货的马的生活。他继续说道:

> 我们不能随意处理动物的生命,除非在原则上我们认为一种情感存在物在潜能上比另一种动物更有价值——更不用说潜能的实现所带来的社会有用性。但不同种族或人群之间能力的差别比最低等的人类与最高等动物之间的差别要大得多,这表明能力的差别的确非常重要。②

---

① Rashdall, *The Theory of Good and Evil*, 239.
② Ibid.

拉什达尔并不否认人高于动物。他是说人类的某些阶级或种族高于另一些,这就像我们许多人在考虑人与动物的关系时所认为的那样。他的意思当然不是说人(或任何阶级的人)等同于其他动物。[①] 他很糟糕,但没有那么糟糕。拉什达尔用动物的比喻只不过说明了我们已经非常熟知的不平等对待(less-than-equal consideration)这个观念。

我们的确非常熟悉区别对待。除非父母不顾两个小孩中只有一个发烧的事实,否则不会给他们相同剂量的阿司匹林以视平等对待。一个国家在计算资源分配或文化分配上也不会平等地对待公民,除非国家没能考虑到每一个人的选择和爱好都是不同的这个基本事实。在对待他人时,我们应该根据他人的条件、选择做出调整。我想这才与平等关怀的基本原则相一致,也是这个原则的必然要求。这种区别对待与拉什达尔关于不同人种的区别仅仅是一种程度上的差异吗?

答案是:是,但也不是。如果拉什达尔对事实的看法是正确的(实际上他不是),那么这两个例子既是道德敏感性的要求,也是一种(在积极意义上的)区别对待。但他假设不同人类群体的成员之间存在**一种重大差异**,这种差异超出了个体处境敏感性所需的一切。大多数人都相信人们在追求善和幸福的能力上存在着差别,但这种差别与人类和其他动物能力的差别不是一回事。因此,我们不会把机会、职业、个体自主、信仰自由、长远预期等术语套用在动物身上。我们用这些术语表达对人类的道德关怀,但我们对动物的道德关怀在性质上与此截然不同。拉什达尔却认为白人和无数中国佬、黑人之间在追求好生活和

---

① 拉什达尔的立场再次与我将在第六讲中讨论的辛格的观点截然不同,辛格认为其他动物与严重缺陷者的道德地位具有相似性。

幸福的能力方面存在着巨大的差别。

第 七 节

我已经说过,对拉什达尔哲学种族主义的讨论并不是为了批评他的观点,或者说他的观点值得批评[1],而是说他的观点可以帮助我们澄清自己的观点。也即通过什么是基本平等所反对的观点来说明我们自己的观点。这里已经有了一个基本结论。基本平等原则反对任何声称**人类之间**存在道德差别和区分的主张,这种区别在程度和内容上与人和其他动物之间通常存在的道德差别和区分相同或相似。基本平等原则反对人类之间的这种区别。正如西塞罗在《法律篇》中说的那样,我们认为,"人与人在种类上没有差别"。[2]

我将基本平等原则称之为"连续性平等"(continuous equality)——"连续的"是因为其否认人类之间存在着重大非连续性。我不是说,当你接受这个原则时,你就必须相信人与其他动物之间存在着非连续性。但你知道的,有人就持这个观点,你也知道他们的想法。但我的观点是**这种区分不能运用到人类领域**。**连续性**平等原则只是表达了一种否定立场,我再重复一下:在人与人之间没有类似于人与动物间那样的区别。

---

[1] 乌韦·斯坦霍夫(Uwe Steinhoff)提醒我们("Against Equal Respect and Concern," 143),需要反驳的是很多(像他那样)反对基本平等的非种族主义者,而不用担心拉什达尔。

[2] Cicero, *De Legibus*, I. 10. 这篇文章继续写道:"事实上,任何种族的人都能够追求美德。"转引自 J. A. Rogers, *Nature Knows No Color-Line: Research into the Negro Ancestry in the White Race* (Wesleyan University Press, 2014), 47n。

分离原则——我将之称为**独特性**(*distinctive*)平等原则——将会增加一些内涵。独特性平等主张,不仅仅在连续性意义上人们彼此对等,而且在区别于动物这个问题上,人们也是彼此对等的(我在之前说过,这通常与"人的尊严"紧密联系在一起)。这后一个立场包含着前一个立场,但内涵更加丰富:其表明了人与其他动物的非连续性,并且所有人都处在更高层次上。

这两个基本立场与基本平等联系在一起。我将在讲座中探讨它们——有时是其中一个,有时将两个放在一起(如果要问哪个更有价值,我个人更加相信独特性平等)。但讨论拉什达尔使我们确信基本平等至少包含了连续性平等原则(这是种族主义和性别主义者所反对的)。

第 八 节

现在,确定连续性平等的含义有点成问题。那是因为,连续性平等给自身下定义所依据的观点,自己都未必接受。换言之,连续性平等主张在人类之间不存在**某些人认为的人与动物之间的那种区分**。但那种区分指的是什么? 我们可以推断它们是"拉什达尔式的非连续性"。但贴一个标签并不是对问题的解释。

正如我在第六节说的那样,人类之间的确存在着差别,这的确影响了拉什达尔对正义问题的讨论。人们追求不同的生活物品、不同的生活方式,有些人对生活方式的理解的确与我们有很大差异。有人对于他们所追求的生活有很多反思,他们赋予生活以文化意义。其他人(我认为我也是这种人)仅仅坐下来看着电视说,"这就是生活",对生活没有太多思考。① 人们之间的能力和爱好也有很大差别。就像拉什达尔所说的，他们追求不同的享乐、不同的幸福，对他人作出不同贡献，具有不同的道德行为能力。这些都是不同的价值取向。近来，女性主义者们非常关心男性和女性在生活、思想观念和道德行为能力方面的差别。② 当面对生活困境和挑战时，人们的宿命论程度和对美好生活的期盼程度都是不同的。如果这些人是宗教信徒，他们在生活中偶像崇拜的方式未必相同，对来世的希望也不同。这些差别不是偶然的，这些差别作为整个文明的基础塑造了其成员的生活。如果根据这些差别来对人群和民族加以分类，那么我们会不会得出拉什达尔式的非连续性呢？

我认为答案是否定的。我们可能看到差别，但并不必然需要使用一整套不同的道德术语来理解每个人的生活。在每一个具体案例中，我们听到的都是一种语言表达，我们需要聆听他们在说些什么。他们所说的都与他们所处的文化环境相关联，但又并不完全源于他们所共享的文化环境。我们能感受到他们的语言中渗透着某种价值观、理念和原则，感受到他们习以为常的打交道方式——与家庭、朋友、邻居、爱人、同事（更不用说对手和敌人），感受到某种生活观引导着他们的生活。在每一个具体案例中，他们在主观上能够形成与他人的共通

---

① "每个人对什么赋予了生活价值都有一个或清晰或模糊的理解。重视沉思生活的学者有这样的观念，看电视、喝啤酒的市民喜欢说'这就是生活'，尽管他很少思考这个问题，也无法描述或捍卫自己的观点。"参见 Ronald Dworkin, "Liberalism," *in Public and Private Morality*, ed. Stuart Hampshire (Cambridge University Press, 1978), 191。

② 例如，请参见 Carol Gilligan, *In a Different Voice: Psychological Theory and Women's Development* (Harvard University Press, 1993)，也可参见 Robin West, "Jurisprudence and Gender," *University of Chicago Law Review* 55 (1988): 1-72。

感,在客观上和规范上能够形成改变生活环境的诉求。① 他们不仅能够理解自己现在所处的环境可能与以前不同,而且能够根据他们的知识、技能和经验对环境作出改变。

为了公正地对待他们(像对我们自身一样),我们需要一套知识和道德感知机制,这套机制不应该随着个体和社会环境的改变而改变。我的意思不是说我们可以任意提出一个模板,我的意思是说,当社会哲学和政治哲学对各种不同选择和境况进行评价时,道德感知机制从根本上说应该是一致的。我们需要的道德感知机制是聆听他人,理解关爱、期望、志向、期望以及痛苦、损失、恐惧、丧亡、挫败、耻辱、灾难,等等,并且能够根据正在遭遇这些经历的人理解它们。

因此,我想说的是,拉什达尔式非连续性的信奉者认为,我们需要一套高级感知机制来认真负责地、恰如其分地对待某些人的境况和选择,而对其他人的境况和选择,只需要一些低级的、更为粗略的道德感知机制。人类连续性平等原则不接受这种观点,其主张从根本上说就是,应该运用相同的道德感知机制对待所有人,不应该用不同的方式对待不同人。②

_____

① 人类的一个显著特征是,在每个人的生活中,在处于温饱状态下的生活与接受良好教育、特殊关怀、投身社会工作下的生活之间存在着鸿沟。鸿沟的存在表明,接受教育、发展机会和特殊关怀在人们的生活中比温饱更加重要。在(比如说)猫的世界中就没有类似人的世界中的这种鸿沟。我的意思是说,在猫的世界中,让猫得到温饱的美德与猫的最高能力之间不存在同样的鸿沟,但这种鸿沟在每个人身上都有所体现。我想拉什达尔可能认为这只适用于某一些人,对另一些人并不适用。
② 似乎我们不能完全排除这一点。在第六讲,我将讨论儿童和严重缺陷者的问题,这个问题似乎证明了拉什达尔的立场。我认为如果我们非常谨慎地处理这个问题,我们就能明白为什么我们不应该区分人类物种。但是我把这个问题放到这一系列演讲的结尾,因为我需要先处理一些其他问题。

我对拉什达尔的讨论就是这些。讨论他的立场可以帮助我们抓住"连续性"主题、连续性平等原则。虽然我们之间存在着诸多差别，但我们之间没有根本的非连续性，没有类似于人与动物之间的差别。

你们可能会问，为什么我花这么大的精力讨论如此令人生厌的种族主义观点，毕竟，现在是 2015 年，而不是 1907 年。现代世界的一个重大胜利就是没有人会像拉什达尔教士那样大声地说"无数中国佬和黑人"。毫无疑问，拉什达尔的种族主义是错误的；毋庸置疑，性别歧视主义同样也是错误的。

但毫无争议并不意味着问题已经被彻底澄清。信奉一个立场是一回事，但对之解释、说明和理解是另一回事。我认为哲学家们的任务就在于解释普通人认为理所当然的事物。只有当人们有理由抛弃某种观点的根本前提，至少对之有了更深刻的理解，这才是哲学探究的意义。这就是我们需要哲学家的原因，也是我们会付给他们报酬的原因。① 这同样是我们需要更多吉福德讲座的原因，尽管我们都确信拉什达尔是错误的。

第 九 节

在第一讲将要结束时，我将讨论一个更麻烦的问题，这就是我最初区分的基本平等——据称是一个深层次的概念——和我说的财富

---

① 参见 Jeremy Waldron, "What Plato Would Allow," *in Nomos XXXVII*: *Theory and Practice*, ed. Judith DeCew Wagner and Ian Shapiro (New York University Press, 1996), 170‑171. 政治哲学要求我们挑战被视为理所当然的规范要求的基本假设，并对之作出解释。

和收入分配的"表层"平等问题。我说了基本平等是这些演讲的主题。有人可能会抱怨,这偏离了重点。根据托马斯·内格尔的观察,"我们生活在一个令人震惊的经济不平等和社会不平等的世界中。"①托马斯·皮凯蒂在《二十一世纪资本论》中考察了英国和美国等国家不断扩大的不平等。② 难道我们不应该关注这些问题,而不是所谓的"更深层"的抽象平等吗?

内格尔和皮凯蒂所提到的问题和所分析的趋势当然值得关注。基于现代社会不平等的性质和影响,可能需要密切关注的是分析这些现象的规范原则。这可能是最重要的问题。但世界上有成千上万的哲学家,不可能所有人都竭尽全力研究最重要的问题——研究所有最重要的问题——没有人研究次等重要的问题。这里存在着一个学术分工的问题。

当然还有其他原因。我已经提到了,当我们分析经济不平等时,我们使用了建立在基本平等基础上的正义原则。正义原则表明当下经济不平等是不正义的。这可能是因为这种经济不平等在道德原则上没有任何依据。如果它们是有依据的,那么这种依据一定与基本平等原则相冲突。这是我的直觉,或者说是预感。当我们充分论证了基本平等原则,这就不再是预感,而是一种论证了。如果基本平等原则没有被充分证明,那么这个论证可能就是靠不住的。这或者由于基本平等这个大前提是无效的,或者由于我们的反对者不可辩驳地证明了

---

① Thomas Nagel, "Equality and Partiality," in Pojman and West moreland, *Equality*, 257.

② 关于现代社会中"惊人的"不平等参见 Thomas Piketty, *Capital in the Twenty-first Century* (Harvard University Press, 2014), 571。

对不同人的经济状况的关怀就应该是不同的。

两个层面平等之间的距离可能没有那么大。人的尊严是一些表层分配平等原则的评价标准。例如，人们通常认为，社会权利和经济权利的基础是："每个劳动者有权获得正当的和合适的回报，从而确保他和他的家庭过上有尊严的生活。"[①]因此，基本平等的部分功能就在于构成原则、标准或者至少以某种方式评判经济贫困是否与人的尊严相吻合。在第二讲中，我将指出，在纯粹抽象层面，基本平等就是一个规范原则，一些法律领域就直接运用了其规范性功能。基本平等既可以直接批评表层不平等所带来的绝对贫困，也可能审查某些相对贫困。所以，当我们反思基本平等时，我们并不是对内格尔和皮凯蒂所批评的不平等视而不见。

事实上，我们不得不考虑严重的经济不平等可能已经影响了我们关于基本平等的信念，破坏了我们所坚守的平等价值和平等尊严这些根本原则。我在其他地方已经指出了，从正义的视角观察社会是何等重要（尽管这种重要性与事物本来面目的重要性未必一致）。[②] 我想我们需要关心的问题是，在社会生活中，我们对于基本平等的信念是否如其所是地深刻而广泛，是否如其所是地清晰可见。我们观察的是我们如何对待他人，如何与他人合作，如何共同承担社会交往中的负担与收益。我们是否平等地对待他人？如果我们没有从理论上证明彼此对等，那么就可能出现不平等对待。如果社会中出现大量不平等现象，这说明我们没有接受基本平等原则，因为我们没有彻底贯彻基本

---

① Universal Declaration of Human Rights，Article 23（3）.

② 参见 Jeremy Waldron，*The Harm in Hate Speech*（Harvard University Press，2012）。

平等原则的正当要求。

更糟糕的是,经济不平等在那些被剥夺者的生活中已经清晰可见。看起来他们不仅没有被平等对待,而且好像与其他富裕的社会成员不一样。我可以给出一个极端的例子。曾经在伦敦教哲学的泰德·洪德里奇(Ted Honderich)很多年前写过一本书《平等的暴力》(我们将"暴力"这个说法放在一边,仅仅看一些书中提到的"不平等的事实")。洪德里奇说,如果对比一下发达国家人口中最富裕的 10% 和发展中国家人口中最贫困的 10%,你会发现他们在寿命上存在巨大差别——前者接近 80 岁,后者接近 40 岁——如果你什么都不知道的话,你可能会得出基本结论,我们在研究的是不同物种。[1] 我们研究的当然不是不同物种,由于我们本应该消除不平等,而实际上没有消除,所以才出现了这种现象。[2]

同样的观点还有一个不那么极端的版本,那就是所谓欧洲和美国存在着"两个国家"的论点。随着人口逐渐分成了"两个国家"——富人和穷人——各自的生活方式变得不仅陌生,而且彼此难以理解时,坚守平等尊严的信念对我们来说可能更加困难。(谁知道这些人是怎么生活的?)我们和我们的子女可能越来越难以相信基本平等原则,因为,我们越来越难以想象如何以平等的方式与**这些**(these)其他人一起

---

[1] Ted Honderich, *Violence for Equality*: *Inquiries in Political Philosophy* (Penguin, 1977).

[2] 也可参见 1831 年向英国的萨德勒委员会(the Sadler Committee)提供的令人痛心的报告,该报告证明使用童工的后果是产生这样一类人:他们的身体形态与其他人看起来**明显**不同,受到孩童时代劳动条件的摧残,他们背曲腰弯,身负残疾。*Report from the Committee on the Bill to Regulate the Labour of Children*, Cmd. 706, August 8, 1832. 感谢玛西亚·帕利(Marcia Pally)提供这一资料。

生活。被剥夺者的生活与这些有特权的、富人的生活是如此的不同，以至于后者可能回避赋予人类生活以共同价值的平等原则。我们可能如此习惯于经济不平等，对其表现出来的不正义现象如此熟视无睹，以至于我们开始否认那些被剥夺者与我们是平等的。对我们来说，甚至在道德上承认他们都显得尴尬，因为这将意味着我们承认了不正义。我们可能避而远之，或者可能试图否认、抵制穷人同样有权获得平等的关怀。

当然，我们是否彼此对等是一回事，我们是否承认每个人彼此对等是另一回事。在原则上，道德现实不应该受到社会环境的影响，也不能受到社会成员的生活方式与基本平等原则不相一致的影响。我们可以在规范上说，诸如基本平等这样的原则的任务就是批评这些社会环境以及由此产生出的错误道德意识。这是哲学家的任务，我们责无旁贷地需要讨论关于这些问题的所有规范和目标。

我非常担心这些规范可能对我们的同胞而言越来越没有"现实性"，越来越与现实相分离。尽管道德原则本身需要与客观现实相分离从而批判与矫正它们，但实际上一个给定规范原则的实现取决于每一个具体实践是否满足其要求。如果这个要求没有实现，如果我们周围的事物看起来与这个原则的要求不一致，那么我们就可能陷入了困境。此时，唯一可以拯救我们的是，对基本平等原则和与之相关的人的价值和尊严的强烈呼吁和不懈坚持。

这种困境也是激发我们详细讨论基本平等原则在政治道德领域中的作用和应该发挥作用的原因。这个问题值得我们仔细研究而不是简单敷衍了事。我仍然相信我之前说过的，哲学家的任务就在于解释这个问题，即使这个问题在现实生活中还没有构成挑战。本讲的讨论就到此结束。在第二讲中,我将更加仔细地讨论基本平等的规范性及其在我们本性中的事实性根基。我不接受某些分析哲学家的建议,他们认为任何形式的平等都是无意义的——任何层面上都是无意义的——在他们看来,如果我们转向别的话题,讨论起来就容易多了。

第二讲　规范和多余

这场演讲可能是所有六讲中最难的。在这一讲中,我将处理一些逻辑问题和哲学问题,专业学者可能比普通读者更熟悉一些。我想区分规范性平等与描述性平等(第一节到第四节),考察基本平等是否反映了人性中的一些基本事实(第四节到第六节)。最后,我想反驳哲学界一些同行们的批评。在他们看来,平等是一个多余的概念,更应该关注的是一些其他价值的彻底运用,比如关怀和尊重(第七节到第九节)。这些问题都不太容易处理,但我会尽量不让这些讨论过于抽象而难以理解。

第　一　节

当我们讨论平等时,一个最重要的问题就是区分**规范性**平等与**描述性**平等。描述性判断告诉我们事情是怎样的,规范性判断告诉我们事情应该是怎样的或者应该怎么做。简单地说,我们可以描述性地肯定(或者描述性地否定)人们在某些方面**是**平等的。我们可以说他们的机会是平等的,或者说过去收入不平等现象比现在要少。从规范性角度,我们可以说人们应该是平等的。我们既可以在普遍意义上说——比如,应该给予人们平等尊重——也可以在一些特殊方面说,比如,人们的收入或机会应该是平等的。

规范性判断要求人们应该做某事或者不应该做某事,人们至少通常就是这样理解的。有时我们将规范与某种无论我们怎么做都必然将要发生的事实关联在一起,从而弱化规范的强度。托克维尔就曾以这种方式讨论社会平等。他将 19 世纪促进社会地位和社会条件的平等视为一个"天意使然"的事实:"它是普遍的和持久的,它每时每刻都能摆脱人力的阻挠,所有的事和所有的人都在帮助它前进。"①但他仍认为规范性判断应该发挥作用,比如,为其描述的不可阻挡的历史进程开辟道路。从另一方面看,我们可能不会如此乐观。虽然很多平等主义者相信人们彼此对等具有道德意义(当人们未必将其理解为一个描述性事实时,其就更加具有道德意义)——他们说,这是一个"道德的现实"——但在现实世界中实现这个道德现实还需要付出大量努力。就像卢梭所说的那样,人生而自由但无不生活在枷锁之中,所以现代世界的人生而平等却遭受着不平等,即便出生也是如此。因此,在规范性上就是应该赋予人们平等的关怀和尊重,这些本来就是他们的正当权利。

规范性与评价有共通之处。"是"与"应该"之间的区分——描述

---

① Alexis de Tocqueville, *Democracy in America* (Knopf, 1994), 6.

性的"是"和规范性的"应该"——也可以理解为事实与价值的区分。我们可以说平等(在一些方面)是一个事实,仅此而已。或者,我们也可以将其颂扬为对人类生活非常重要的价值。如果我们将平等理解为价值,其也具有相应的规定性内容。因此,规范性平等与评价性(evaluative)平等之间也存在着某些联系。两者之间的关联程度是一个充满争议性的问题。我下面主要集中讨论作为规范性原则的平等,但很多方面——与描述性进行比较——也适用于作为评价性判断的平等。

另外一个经常被讨论的术语是"合乎规范的"(normative)。通常,"合乎规范的"与"规范性的"(prescriptive)是同义词,尽管从严格意义上说,前者更多地表达的是普遍性规范的产生或运用。① 但这无关宏旨:即使在严格意义上,我们关于平等的讨论也将不仅是规范性的(prescriptive),也是合乎规范的。我主要讨论的是平等原则,特别将每一个他者视为彼此对等的原则。下面我主要使用的术语是"规范性的",但你们也可以从中推论出其所包含的"合乎规范的"意义。

第 二 节

在平等领域,描述性判断和规范性判断之间的联系是什么? 让我

---

① 约瑟夫·拉兹(Joseph Raz)不同意这种看法。他认为,将规范性与基本命题——如规则或原则——在定义上关联起来是无益的。我认为,他使用的"合乎规范的"(normative)就是我使用的"规范性的"(prescriptive)。参见 Joseph Raz, *From Normativity to Responsibility* (Oxford University Press, 2011), 6 - 7。但他在《实践理性与规范》(Oxford University Press, 1990)中使用的规范(norm)更加类似于规则,并不是所有的解决方案(prescriptions)都是规范,这似乎意味着并非所有的规定性(prescriptivity)都是规范。

们首先考察在第一讲中提到的非基本的平等原则——比如,机会平等或谴责当下收入不平等的原则。很明显,这些都是规范性的。它们表明了我们对应该发生或不应该发生的事情的信念。我们说,机会应该是平等的,或者说应该缩小收入不平等。我们也可以第一人称复数形式讨论规范。比如,我们说:"让我们这样设计制度安排,从而缩小而不是扩大经济收入不平等。"这些都是规范性判断。

规范性判断与某些特定描述性判断相关联。这主要表现为两个方面:第一,当一位哲学家提出某个规范性原则时,他必须观察世界,关注他或她所针对或评价的描述性事实。如果你到处宣扬收入应该更加平等,那么你需要对收入的现状有所了解,因为这是你评价的对象,也是你批评的对象或力图改变的对象。所以,你需要关注一系列描述性事实,理解在什么地方和如何运用你的规范性原则。

有时,平等原则所针对的事实也包括实定法(positive law)。一个非歧视的道德原则以潜在的歧视行为和受害者为目标对象。但它也将惩罚歧视行为的法律作为目标事实。大多数法官认为实定法及其有效性总是第一位的事实。但正如哈特(H. L. A. Hart)说的那样,法律实证主义"仅仅是主张,无论从任何意义上去看,法律都不必然复制和满足道德要求,尽管事实上它们经常这么做"[①]。由于这并不必然是一个真理,因此我们必须使用规范及规范所要求的行为,来试图**使**它成为真理。请注意哈特使用的术语"复制或满足"。有时我们用道德审查实定法:实定法就是我们的目标。我们对之进行评价,检查其所

---

① H. L. A. Hart, *The Concept of Law*, 3rd ed. (Oxford University Press, 2012), 181 – 182.

运用的结果是否满足道德原则。有时,我们还必须走得更远。我们(在规范性层面)主张法律条文、立法或宪法条款实际上应当**复制**——就法律的书面表述而言——应该用来评价社会事实的道德原则。比如,在美国,宪法第十四条修正案的任务就是确保没有人可以被剥夺平等保护的权利,这看起来就像一个道德原则,已经非常接近基本平等原则的要义了。我们可以发现这一点(甚至欢呼法律与平等原则之间的共通关系),但我们仍需将法律作为评价对象,审查其是否体现了相关的道德原则,探究其现实运用是否复制了道德要求。

规范性平等以某些事实作为评价对象,这是第一点。第二,这可能表现得更不明显,但确实非常重要。当某人提出一个规范性原则时,他通常已经思考了这个原则的**理由**或**依据**。这些理由或依据也许包含了一系列关于在原则范围内的个人事实,这些事实使规范性原则(及其效力)显得合乎情理或恰如其分。比如,我们提出机会平等,可能因为我们认为每个人都具有一些天赋。我们说应该缩小经济不平等,因为每个人都有同样的需要。这些以描述性方式表达的天赋和需要是规范性原则的理由和根据。它们使规范性原则变得可以理解,指引着对它们的理解和运用。我将在本次演讲接下来的部分中对这第二种描述性事实作更多讨论,然后在第三讲和第四讲中具体讨论它们在基本平等原则中扮演的角色。

到目前为止,我们讨论了作为规范性原则基础的两种描述性事实:一种是作为目标的描述性事实,另一种是作为原因的描述性事实。比如,我们以一种批判性(暗含规范性)眼光观察经济分配的事实,我们的规范性审查是基于我们正在审查的个体的某些情况。平等的规范性原则是对某些事实的回应,并以某些事实作为目标对象。描述性事实可以分为原因与对象两种。这两种描述性事实与所有平等原则相关。事实上,我认为这对于所有普遍性原则都是正确的,包括我接下来讨论的基本平等原则,尽管平等原则的运用要更加复杂一些。

我没有忘记这一点——一些哲学家严格坚持这一点[①]——规范性原则自身的正确性是通过描述了特定事实状态(道德的事实状态、某些客观的道德现实)而被证明的。所以,如果你愿意的话,我们可以引入第三种事实:道德事实。但我不打算这样做,我将道德事实的元伦理学放到一边。我认为在大多数情况下,无论你关于道德现实的最终观点是什么,你都可以一同跟着我们的演讲继续讨论下去。我们需要在通常意义上区分规范性判断与描述性判断,而不对道德客观性问题带有任何偏见。

第 三 节

我们现在的任务是用规范性与描述性这一对分析框架来讨论基本平等。我们主张基本平等原则首先是**规范性的**(*prescriptive*)。等会儿我们就会明白其包含了一系列不同的规范、价值和规范性。因此,表层平等与根本或基本平等的区别并不等于规范性判断与描述性判断的区别。两个层面的平等都属于规范性判断。我们经常说基本平等是一个规定性(indicative)术语。我们说,"人们**是**彼此对等的"和"人们**确实**具有平等的尊严"。但我们不应该被这些表述的语法结构所误

---

① 例如,参见 Michael Moore, "Moral Reality," *Wisconsin Law Review* (1982): 1061 - 1156, 以及 "Moral Reality Revisited," *Michigan Law Review* 90 (1992): 2424 - 2533。

导。评价和规范通常以规定性方式表达出来。我们说,"这**是**好的"或者"那**是**该做的正确的事"。有时,我们说,"我们应该如其所是地尊重他们"(我在本次讲座的第二节有同样的表述)。有时,一些道德现实主义哲学家们也这样说:他们认为这些规范性判断表达了一些价值和原则的客观现实。但这种表述方式并不依赖于任何元伦理学中所精心构建的主题。有时,它其实就是一种表达方式而已。

基本平等比表层平等所表达的规范要抽象一些。这在一定程度上是因为基本平等原则是以第二层面①表现出来的。尽管我们可以直接地说,基本平等原则表达了我们与他人打交道的方式,但其通常是在运用其他道德观念时表现出来的。比如,如果我们是功利主义者,或者在宽泛意义上的后果主义者,基本平等原则要求我们应该平等关怀所有人的利益和幸福,而不是认为一些人的成本和收益比其他人的成本和收益更重要。或者,当我们使用正义原则(包括社会正义)时,基本平等原则主张所有人都是正义的平等主体和受益者。平等原则并不必然要求表层的正义——尽管在很多情况下也具有这种要求——但其要求正义原则应该平等对待我们。正义不应该落下任何一个人。我们都有平等的资格享受正义,同样,我们都作为主体承担正义原则的负担和要求。

从总体上说,基本平等要求我们在某种道德原则下平等地对待每个人。每个人都要算一个:这是规范性要求。任何共同善或社会正义原则都应该遵守这个逻辑。当我们的某个提议威胁到某人利益时,我们必须严肃认真对待。基本平等原则教导我们必须平等对待任何人

---

① 即表层平等。——译者注

的利益,无论他是谁。当我们的选择带来了风险、威胁到了很多人的生活和根本利益时,基本平等原则要求我们同等认真地对待这些可能受到影响的人的利益。我们可以总结说,基本平等原则规定对于其利益与我们的决定息息相关的个体,应给予广泛的、平等的关注。

有一种观点认为,平等是一种价值,其应该和其他价值等量齐观。这种说法有一定道理:基本平等及其规范性要求对我们来说非常重要,在这个意义上,它是一种价值。但这个说法在很大程度上也具有误导性。这主要表现在,这种观点认为,当我们提出一些共同认可的价值时,比如提升幸福感或增加某些利益,我们应该将它们与平等等量齐观。但是,平等并不是所有价值中的一种。平等原则的功能在于,当我们处理利益和其他价值问题时,平等应该发挥规范作用。失去了平等或加剧了不平等也不应该被视为仅仅是所有损失中的一种,这种损失可以通过其他收益加以弥补。基本平等对第二个层面的平等发挥规范作用,对我们的成本与收益加以规范。

我已经说了,基本平等无疑是**关乎**价值的:它关乎所有决策中每个人的价值(和他们的利益与地位)。我认为,基本平等原则在水平和垂直两个维度上发挥作用。在水平维度上,其要求**平等**关怀人们及其利益,不能对于我们偏爱的个体或群体(比如,我们自己所属的群体)给予特殊关怀,而不关怀其他人。水平维度体现了我们所说的**连续性平等**原则:(至少)应该平等关怀所有人。这也体现了**独特性平等**原则:人类高于其他动物,必须给予人类自身以独特的关怀。在垂直维度上,基本平等要求平等对待和深切关怀每个人及其利益要求。从性质上说,我们可以称之为价值维度。没有这个价值维度,基本平等也可能认为所有人的生活都毫无价值,或者所有人的利益都不值得关怀。

　　一些学究们可能会说这两个维度体现了两个不同原则：一个原则要求我们对人类深切关注，第二个原则坚决主张始终如一地应用第一个原则。由于一致性被认为是所有哲学思维的默认规则，一些纯粹主义者可能会补充说，后一个原则是多余的。他们会说，倡导基本平等的人所主张的唯一有趣的事情是，应当对人类给予极大的尊重，他们这么说无须提及"平等"这个术语。我将在第七节到第九节反驳这种多余论。现在值得注意的是，那些赋予特定人群以高贵价值或尊重的人，一致地或非一致地倾向于将这归因于特定人群的某些特征，而其他人不具有这些特征。如果这些人也算是平等主义者，那么我们是他们的对立面。基本平等的捍卫者们非常清楚这种倾向，这是他们坚持将**平等**与极高价值、极大尊重联系起来的原因之一。通过诉诸平等，我们对这些具有歧视倾向的人提出了挑战。我将在后面讨论这一点。我们先回来讨论基本平等的规范性问题。

　　在前面我已经提到了关于评价与规范之间联系的争论，这些人认为规范是一个更根本的概念，所有的评价归根到底是这一种或另一种规范。① 这些人往往被称为规范论者。我并不想介入关于规范论的争论。② 但我确实想关注一些特殊价值，这些价值可以称为"命令性的价值"（commanding values）。认同这些价值需要关注我们的一些特殊方面，这些特殊方面包含着某些特殊要求，对这些特殊要求的忽视、遗忘或者不给予积极回应将是错误的。

---

① 参见第 40 页注释 1。
② 例如，参见 R. M. Hare，*The Language of Morals*（Oxford University Press，1952）。

我认为人的价值就属于这种"命令性价值"。这种价值不同于一幅绘画作品的价值，如果我们喜欢就可以珍藏；也不同于某种新的生活经验的价值，我们可以用某种价值观标准来评价其合理性。一个人的价值在品性上已经是道德的，从这个意义上说，它作为一种道德要求给出了恰当的反应——道德从我们身上逼迫出来的东西。这在一定程度上是已经产生交互作用的价值的问题。它不仅仅是一种归因于某件事或某种事态的东西。这种价值赋予了某个人，这里关键在于这个被赋予价值的人已经意识到了这一点，并且准备为之辩护，为之发声。诉求人的价值往往意味着这些人的价值已经出现了危机。正如斯蒂芬·达沃尔(Stephen Darwall)说的那样，这是"第二人称"的道德诉求。① 这是一种特殊形式的规范，其解释了基本平等与权利概念的亲缘关系。这种道德诉求值得每个人为他或她的自身利益而辩护，为之发声，而不存在任何道德上的尴尬。②

关怀并不是人的价值所掌控的唯一事物。法哲学家罗纳德·德沃金使"平等的关怀和尊重"这个术语进入了我们的哲学词典。③ 尊重至少同关怀一样重要。尊重并不仅仅是一个价值或关怀问题，也是一个尊敬问题。当我们知道和熟悉某人，当我们将某人视为能思考的、理性的道德的存在物，以各种方式尊重他和他的观点时，就是对某人的尊敬。在这个意义上，人的价值是一个命令性价值。人们需要我们

---

① 参见 Stephen Darwall, *The Second-Person Standpoint: Morality, Respect, and Accountability* (Harvard University Press, 2006)。

② 关于权利的论述也可参见 Joel Feinberg, "The Nature and Value of Rights," *Journal of Value Inquiry* 4(1970): 243-260。

③ 例如，参见 Ronald Dworkin, *Taking Rights Seriously* (Harvard University Press, 1977), 180-183, 227, 272-278。

的尊重,需要我们的承认、认可和尊敬。根据基本平等原则,人们平等地需要尊重;并且根据基本平等原则的**独特性平等**原则,人们平等地需要尊重,而其他动物并不需要像人这样的尊重。这是一个更高层次的尊严问题。事实上,基本平等原则要求平等尊重和平等关怀更加独特地表达了人的道德地位。从某种意义上说,这是对人的某种能力的尊重,比如,对道德自主能力或人格自主能力的尊重。康德的《道德形而上学》中给出了一个难以辩驳的解释版本。

> 自然系统中的人是一种意义不大的存在者,与其他作为地球物种的动物具有共同的价值……人唯有被视为一个人,亦即被视为一种道德实践理性的主体,才超越于一切价格之上;因为作为一个人,他不应仅仅被评价为达成其他人的目的的手段,哪怕是达成他自己的目的的手段,而是应当被评价为目的自身,也就是说,他拥有一种**尊严**(一种绝对的内在价值),借此他迫使所有其他有理性的世间存在者**敬重**他,与同类的任何其他人媲美,在平等的基础上评价自己。①

这是一种与基本平等相关联的特殊规范。

正如我所说过的那样,这的确非常抽象。但基本平等原则还带来了一些我们非常熟知的规范立场。比如,它将规范拓展至我们的权利。虽然除了美国宪法中明确提出平等保护的规范以外,基本平等并不直接要求任何特定权利,但确定无疑的是,基本平等也蕴含了平等

---

① Immanuel Kant, *The Metaphysics of Morals*, in *Practical Philosophy*, ed. Mary Gregor (Cambridge University Press, 1996), 557 (6:434-435). (注:括号内的数字指的是普鲁士皇家科学院所编的康德文集的边码。下同。)

权利和人权,尽管人权的内容还存在着争论。一些人权与平等关怀相关联:比如生命权、生存权和美国独立宣言中的反歧视权利。[1] 一些人权表现在其他方面——比如,言论自由、宗教信仰自由。[2](我引用美国独立宣言并不是将之视为一个典范,而是解释权利所有者应该享有什么权利。)同样,对我们作为思想者和能动者的平等尊重带来了人格自主原则,我们自主安排我们的生活方式。我们说:"我为自己安排我的生活,而不是为你。"在实践语境中,人格自主演变成了平等主权,至少播下了民主观念的种子,没有人天生地从属于其他人。[3] 任何政治安排都应该建立在这个平等主权基础上。[4] 此外,塞缪尔·舍夫勒(Samuel Scheffler)等人认为关系平等这个特殊规范原则也根源于基本平等原则。[5]

虽然这些理论中还有大量问题需要讨论,但人们可以发现很多规范立场源于平等关怀与尊重,所有这些都源于对基本平等原则规范的反思。

---

[1] Universal Declaration of Human Rights, Articles 2 (nondiscrimination), 3 (right to life), and 25 (right to adequate subsistence).

[2] Ibid., Articles 18 (freedom of thought, conscience, and religion) and 19 (freedom of opinion and expression).

[3] 参见 John Locke, *Two Treatises of Government*, ed. Peter Laslett (Cambridge University Press, 1970), 287, 洛克指出人的自然状态是"一种平等的状态,在这种状态中,一切权力和管辖权都是相互的,没有一个人享有多于别人的权力。极为明显,同种和同等的人们既毫无差别地生来就享有自然的一切同样的有利条件,能够运用相同的身心能力,就应该人人平等,不存在从属或受制关系"。(II, §4)

[4] 关于平等主权在基本平等的规范体系中非常重要的论述参见 Nikolas Kirby, "A Society of Equals" (PhD diss., University of Oxford, 2016)。

[5] Samuel Scheffler, "The Practice of Equality," in *Social Equality: On What It Means to Be Equals*, ed. Carina Foule, Fabian Schuppert, and Ivo Walliman-Helmer (Oxford University Press, 2015), 21 - 44.

第 四 节

在第二节(讨论非基本平等)中,我提到了基本平等的规范以两种方式与描述性平等相关联。一种是作为基本平等审查**对象**(*object*)的描述性平等,另一种是作为基本平等**原因**(*reason*)的描述性平等。

首先,基本平等及其原则与特定目标事实相关联。基本平等原则指向我们所关怀的特定事实,这些事实是我们的审查对象。我们试图关怀和尊重各种人,无论是关怀的深度上,还是在平等关怀上。我们是否更加关怀一些人? 我们是否尊重人或以尊重的方式对待人? 我们试图观察人们在共同善原则下的受益情况,观察人们是否受到人权原则的保护,是否是正义的主体,享受正义原则的福利。我们也对人们的社会关系感兴趣。这些都是基本平等的描述性对象,是基本平等规范所关怀的对待他人的方式。

我在之前说了,基本平等原则特别关注法律和道德原则的运用问题,这里的关键问题是这些原则的形成和实施。在这个意义上,我们用一种道德评价另一种道德。但这是以基本平等作为规范原则运用到非基本道德原则中,评价的目标对象是非基本道德原则是否一致地运用到所有人。

第二种描述性事实是怎样的? 基本平等原则是否同样回应了某些描述性事实? 基本平等植根于人性中的某些事实吗? 我们本性中的某些事实能够为基本平等提供原因吗? 这些事实能够提供合理的原因吗? 它们是我们以某种方式对待他人的道德前提吗? 我们需要意识到在我们的本性中存在着某些描述性平等,从而理解规范性基本平等及其运用吗？这些是我下面演讲要讨论的问题。

第 五 节

我首先来回应这个疑问，在我们的本性中是否存在着一些事实从而为基本平等奠定了基础。

我在第一讲中已经说了基本平等是一个大前提，很多关于表层平等或不平等的推论都来自这个前提。比如，因为我们彼此对等，所以必须机会平等；因为我们彼此对等，所以我们应该关注经济不平等。有时我们甚至可以说，因为我们彼此对等，所以我们必须在某些方面以不平等的方式对待他人（比如，根据不同的发烧情况给孩子不同剂量的阿司匹林）。因此，基本平等在根基处为非基本平等提供了支撑。但如果是这样的话，基本平等如何为自己奠定基础呢？如果它已经是深层的或根本的，那么什么为它奠定了基础或提供了依据呢？这不是一个简单的认识论问题，而是一个价值问题：基本平等所推崇的价值是什么？

有些理论家们认为基本平等是一个最深层原则，不可能进一步证成。有人说，因为这已经不需要进一步证成。乔尔·范伯格（Joel Feinberg）认为在某种意义上，平等尊重人是无根基的；这是一种终极态度，而不是由更根本的理由所证成的；你或者相信或者不相信。范伯格说，这是一个"无根基的承诺"。① 其他类似观点认为进一步讨论这个最基本原则是自寻烦恼，浪费时间，不过他们不是从形而上学宏

---

① Joel Feinberg, *Social Philosophy* (Prentice-Hall, 1973), 93.

大叙事的终极论出发的。这种观点反对任何基础主义,他们说:"让我们停止讨论平等的基础,转而研究它的运用吧。"①

另一些人也这样说的原因是,他们认为将基本平等奠基于人性中的某些事实将会破坏该原则在我们实践生活中的运用。玛格丽特·麦克唐纳(Margaret MacDonald)在1947年关于"自然法"的论文中就持这种观点。② 麦克唐纳的观点建立在彻底的价值判断决定论基础上。她说,价值判断就像任何决断一样:"断定所有人的价值是平等的不是陈述一个事实,而是选择一个立场。这就是一种宣称:这是我的立场。"③她承认有人可能会问,"对,但为什么你选择这个立场? 人性中的什么东西使这个立场是合理的?"她蔑视地回答道:"我确信没有任何自然属性为我们彼此对等提供了基础。"她继续说道:"我们的决定是否就没有原因呢? 这个决定是任意的,偶然的或心血来潮的吗? 不。这个问题就像问某人为什么爱他们的子女,或为什么爱他们的爱人或同胞。他们就是爱而已。"④她甚至引用了蒙田论友谊的论文:"如果某人要求我告诉他为什么爱他,我感觉这是不可言传的,只能告诉他:因为爱的就是你。"⑤这个观点的关键是我们中一些人发现自己信

① 例如,参见 Richard Rorty, *Consequences of Pragmatism* (University of Minnesota Press, 1982); Richard Rorty, "Human Rights, Rationality, and Sentimentality," in *On Human Rights: The Oxford Amnesty Lectures*, ed. Steven Shute and Susan Hurley (Basic Books, 1993), 111 - 134。
② Margaret MacDonald, "Natural Rights," in *Theories of Rights*, ed. Jeremy Waldron (Oxford University Press, 1984), 21 - 40. 这篇论文原先发表在 *Proceedings of the Aristotelian Society* 47 (1947): 225 - 250。这里引用的是 1984 年版。
③ Ibid. , 35.
④ Ibid. , 36 - 37.
⑤ Ibid. , 37.

奉与基本平等相关联的道德观。我们可能试图引导别人,但我们不会通过指出任何特性或事实迫使他人跟我们一样也信奉这种道德观。

我认为,当麦克唐纳说没有任何事实上的暗示会迫使人们相信人类平等,她绝对是正确的。我们并不试图弥合描述性与规范性之间的鸿沟。我们并不试图消除"是与应该之间的鸿沟",或者在事实与价值之间做出一系列逻辑推论。没有任何事实迫使我们坚守人类平等立场,但这并不意味着我们决定采取的立场与人类的事实毫无关系。即使这里面没有逻辑必然关系,但仍与事实存在着关联。基本平等原则可能需要伴生于这样的事实,只是为了有意义,即使只是作为一个决定。

我的这个说法对于蒙田或麦克唐纳"我为什么爱我的子女"这种特殊情感未必正确,但我觉得对基本平等这个普遍原则必然是正确的。这个普遍原则必须有一个范围,必须有一些与之相关的概念从而分析一系列案例。我们必须明白,基本平等原则能够运用到人类领域(可能包含所有情感动物),但不能运用到茶壶或蝌蚪身上。我们必须以某种运用方式运用它或以某种方式理解它。我将在后面再讨论这个问题。

一个更深刻的——当然也是更抽象的——关于平等并不需要奠基于任何描述性事实的辩护来自汉娜·阿伦特。阿伦特也曾是吉福德演讲者①,她提出了政治平等概念。她认为社会成员接受彼此对等原则并非基于人们之间有任何的自然相似性,而是因为这个原则使政

① 参见 Hannah Arendt, *The Life of the Mind* (Harcourt, 1974);这本书是阿伦特在 1972 年到 1974 年吉福德系列演讲的内容基础上整理出版的。

治共同体成为可能。如果没有这个原则,就不可能建立政治共同体。①从自然本性说,我们彼此截然不同——在家庭背景、才能和性格等方面;但根据政治惯例,我们认为彼此是对等的。② 她说,我们并不是生而平等,而是在确保我们自身和他人相互平等权利的政治属性方面,我们是共同体的平等成员。与每个人一样,阿伦特当然确信我们之间存在着差别与相似性。她说,我们之间的一些差别引起了愚蠢的仇恨、猜疑和歧视,而一些显著的相似性使我们从共同的生物性中抽身出来。这里关键的地方在于,她坚持认为在我们的共同人性中没有任何东西带来道德要求或实践要求。1940 年当她从纳粹集中营逃亡到美国时,她说了一句著名的话:"世界在人类的抽象裸体中没有发现任何神圣的东西。"③

　　我非常尊重阿伦特的观点,但我好奇的是,她的观点是否误导了我们。毫无疑问,她认为假设人们政治平等是非常容易的,不管这些人是谁。但这个命题——看起来有点不可思议,似乎出于政治目的的考虑,我们可以将树木、老虎、茶壶和青少年等视为平等的——实际上并不是阿伦特的真正观点。她的著作很清楚地表明,我们可以明确地赞同彼此对等,因为我们有着某种相似的事实——这些事实绝不是一些平等主义理论家所说的人的某种自然属性,问题的关键在于确定这

① Hannah Arendt, *The Origins of Totalitarianism*, new ed. (Harcourt, Brace, Jovanovich, 1973), 301. 我已经探讨了阿伦特论平等思想,参见 "Arendt on the Foundations of Equality," in Politics in *Dark Times*:Encounters with Hannah Arendt, ed. Seyla Benhabib, with the assistance of Roy T. Tsao and Peter J. Verovšek (Cambridge University Press, 2010), 17 – 38。

② Arendt, *The Origins of Totalitarianism*, 301 – 302.

③ Ibid., 295.

些事实是非常困难的。与麦克唐纳相似,阿伦特承认我们并不逻辑必然地可以用某些事实来支撑起平等。但就像麦克唐纳一样,问题并没有解决。

在阿伦特的伦理思想中,人性中存在着某种——事实上是非常重要的——独特性。她将这种独特性描述为(在她《什么是自由》这篇论文中)"自由的能力。"① 她的意思是,人具有创造新事物的独特能力。她说,创造新事物"使人的活动具有了生机和活力,这是人的伟大和优美创作的隐蔽源泉"。② 每个人的出生都代表了开启新事物的可能性:世界上成千上万个出生都是事件,都是一个个全新事物打破生命过程的新的可能性。③ 她用"创生"(natality)这个词表示这种潜能,她认为这种潜能表现在人的一切行为中,无论是政治的还是非政治的。"似乎在地球上所有生物中,只有人类才被赋予了最高天赋,我们在几乎所有人的活动中都能发现其踪影。"④ 这只是一种潜能,未必都能转化为现实,但你永远不知道新生儿将成为创造什么样的新事物的人。阿伦特关于人的本体论似乎将每个人都具有的能力理解为一种永恒的可能性。

所以阿伦特意义上的"创生",这种在人的本性和境况中新的开始的永久可能性,是关于我们的事实,她对平等的承诺就基于此事实。这是某

---

① Hannah Arendt, "What Is Freedom?," in *Between Past and Future: Six Exercises in Political Thought* (Viking Press, 1961), 169.

② Ibid., 169. 也可参见 George Kateb, *Human Dignity* (Harvard University Press, 2011), 174ff。

③ 据统计,有史以来人类的总数是 1080 亿。Ciara Curtin, "Fact or Fiction? Living People Outnumber the Dead," *Scientific American*, March 1, 2007, http://www.scientificamerican. com/article/fact-or-fiction-living-outnumber-the-dead/。

④ Arendt, "What Is Freedom?," 169. 也可参见 Hannah Arendt, *On Revolution* (Penguin Books, 1973), 211。

种形而上学的力量,而不是一个自然的或者生物学意义上的事实。但没有理由认为平等的基础一定是某种自然意义上的事实,实际上存在着多种描述性事实。在第五讲中,我们将考察一些基本平等的非自然基础——比如我们与上帝的关系,等等。阿伦特的"创生"不是一个宗教概念,但其是超验的,她认为这一点是最为重要的。

第 六 节

我在之前提到的**伴生性**(*supervenience*)原本是一个技术领域的概念,后被借用到了哲学领域。① "伴生"表明的是两种属性之间的共变关系。心灵哲学认为信念、观念和梦等精神特质伴生于我们头脑的神经的或物理的特质,所以,一旦你的神经特质发生了变化,你的精神特性也会随之发生变化。伴生并不必然是将一种特性还原为另一种特性,但其主张存在着一个基础,这个基础使精神特性成为一种伴生现象或者至少是一种反应。我们在道德哲学中也会使用这个概念。我们说,除非两种行为或者两件事在事实上存在着差别,否则我们不可能说

---

① Simon Blackburn, *The Oxford Dictionary of Philosophy* (Oxford University Press, 1996), 368. 牛津哲学词典对伴生性的特征给出了一个有益的解释:"当一种属性 F 由于另一种属性 G 而成为自身时,属性 F 就伴生于属性 G。如果一个人具有某种属性,比如勇气或仁慈,这个人才是好人。伴生性至少以这种方式与基础属性相关联:如果某物拥有基础属性,这种属性是 F,那么同样拥有这种基础属性的事物就必然分享着相关属性 F。"亦可参见 Jaegwon Kim, ed. , *Supervenience and Mind*: *Selected Philosophical Essays* (Cambridge University Press, 1993); Gideon Rosen, "Metaphysical Dependence: Grounding and Reduction," in Modality: *Metaphysics*, *Logic*, *and Epistemology* (Oxford University Press, 2010), 109 - 136。吉迪恩•罗森(Gideon Rosen)建议,我们可以直接讨论基础,而不是伴生性。我将同时使用这两个术语,但我并不认为应该放弃"伴生性"这个术语。

它们在价值上存在差别。比如,两种行为的价值是相同的,除非其中一种行为不同于另一种。如果两者在价值上存在差别,那么它们在描述性特征上一定存在差别,所以道德属性伴生于描述性特征。

事实上,这样说可能并不十分准确。乔纳森·丹西(Jonathan Dancy)已经指出,有时一种道德差别(价值差别)可能伴生于另一种道德(或价值)差别。① 我们说行为 X 是正确的,而行为 Y 不是。为什么?因为 X 慷慨大方,而 Y 不是。所以我们从一种普遍性评价性术语("善")走向了一种更具体的评价术语("慷慨大方")。但我们同样会追问:"什么使 X 慷慨大方?"然后,我们走向了事实层面:X 是一个崇高事业的捐赠者。所以,最终我们走向了一些事实,这些事实伴生了善和慷慨大方。

伴生是一个技术领域的概念,它在道德问题中的运用与在心灵哲学中的运用是不同的。在心灵哲学中,伴生性建立在精神事件与神经事件关系基础上。在道德哲学中,我们的道德评价和规范总是基于某种原因,这些原因指向了某种事实。这是道德伴生现象的内涵。尽管在这两种运用中,伴生关系都具有直观性,但两种直观性并不相同。我在这里提出伴生性的原因是,这是一种理解某个原则与事实性判断第二种关联的方法。第一种关联是该原则以某种事实作为目标,第二种关联指的是该原则回应了某些事实,或者取决于某些事实,或者伴生于某些事实。

让我再深入讨论一下这个技术术语。我们可以将伴生性运用到平等原则吗?如果我们说"这些物品具有相同价值",我说的是它们一定拥有一些共同属性吗?答案可能是这样的,但也未必。一件家具和一

---

① Jonathan Dancy, "On Moral Properties," *Mind* 90 (1981): 367 - 385.

瓶红酒可能具有相同的价值,但原因是不同的:前者值500美元可能是因为其造型新颖和设计独特;后者值500美元可能是基于其口感和年份。所以,当我们说所有人的价值是平等的,平等可能源于完全不同的特征。(即使当我们说两个人都是"无价的",无价的原因可能也是不同的,一个可能是因为她的学识,另一个可能是因为她的忠诚。)从技术上说,平等原则并不假定我们拥有一种共同属性。

这里我们可以同样看到第一讲所提到的连续性平等。连续性平等是一个否定性立场,否认在人的价值中存在着非连续性。换言之,他们的价值是相同的。但这并不必然意味着存在着某种肯定性属性为连续性平等奠定了基础,至少没有这个逻辑必然性:不是因为缺少某种特性才产生了拉什达尔的非连续性。但是,连续性平等通常与某些肯定性特性相关联,这也是证明这个否定性立场非常困难的原因所在。我们凭什么如此自信地认为在人类范围内找不到任何重要的非连续性呢?我想必须在我们身上找到某些肯定性属性来提升坚持否定性立场的信心。这未必是一个逻辑问题,但在实践中,这个否定性立场取决于个体主体的某些特征。

当然,独特性平等主张人类在高于其他动物的层面上彼此对等,所以,其肯定性原则更多的是建立在人与其他动物的重要区分上。这主要取决于人们的理性或者自主性能力或者与上帝的关系——在我们的思想传统中,这些都已经被认为是所有人比其他动物具有更高价值或尊严的依据。所以,独特性平等的关键在于,人高于其他动物的属性同时也是人们彼此对等的基础。

关于伴生性还有一个问题。还记得阿伦特认为平等不是建立在某种事实基础上的吗?她的意思可能是这样的:如果平等伴生于一些其他属性,那么就会形成这种论证结构:似乎我们**首先**注意到其他某种属性,然后再断言规范性平等。我们首先注意到人们具有理性,**然后**我们说因此他们是平等的。或者,我们**首先**注意到所有人都具有一种道德感,然后我们认定他们是平等的。阿伦特认为这种论证结构并不恰当。在阿伦特看来,我们可以从对平等的信念或平等的承诺(可能是一个政治承诺)开始,再去寻找背后的特性,然后我们找到了一系列东西。这听起来就是一个充满争议性的问题,但它关系到有些哲学家讨论的非常有趣的"不定型"(shapelessness)问题。

让我们以"勇敢"为例。我们知道这个术语包含着两个面向:一方面,描述了某种特征,面对危险时的从容不迫;但另一方面,也是对这种特征的高度评价。"勇敢"这个术语融合了评价性与描述性两个方面。这就是我们所说的较为"厚"的道德概念:不但具有一种强烈的描述性要素,而且还具有积极的评价意义。但我们不可能也不太容易将这两个要素分开——评价性的和描述性的——如果将两个因素分开,两个方面都变得难以理解。离开了评价性态度,就很难理解那些我们**描述**为勇敢的特征。这就像当你描述某事很"有趣"的时候,不可能离开幽默感。有时,如果你剥离了评价性要素,剩下的就是一些无组织的或不定型的东西——这些描述性特征只有根据评价性意义才能变得可以理解。①

---

① 约翰·麦克道尔(John McDowell)就做出了这种论证。参见 John McDowell ,"Non-Cognitivism and Rule Following," in Wittgenstein: *To Follow a Rule*, ed. Steven Holtzman and Christopher Leich (Routledge, 1981), 141 - 162. 麦克道尔否认可以将价值判断中的事实部分和评价部分拆分开来。麦克道尔说,我们应该"怀疑这种拆分……是否有效:特别是,任何一个价值概念能否与世界的真实特征拆分开来……能否与独立于任何价值经验之外的存在拆分开来——能否与价值概念相应的存在拆分开来,能否与反思性态度中剥离出来的存在拆分开来"。(ibid. , 144.)

我们很多关于平等的讨论都属于这种情况。我们的讨论从彼此对等的这个简单信念或者规定我们彼此对等出发。这就要求我们寻找(讨论)那些作为平等基础的特性。在这里,基本平等和特性之间没有哪个比另一个更优越,它们之间也没有任何逻辑必然性。以某种方式看待他人离不开将他人视为对等者,反过来说,如果不将他人视为对等的,他可能抱怨说,的确没有在他人身上找到支撑彼此对等的描述性事实。这种说法有一些道理,或者根据阿伦特的立场有一些道理。

我希望所有这些将有助于第三讲的讨论。在第三讲中,我们不仅要界定哪些属性是平等的基础,而且要理解观察这些属性的特定方式。我在这里先提示一下:假定我们主张平等建立在人的理性上。我们都知道人的理性在程度上也存在着差别,所以看起来平等主义者忽视了理性程度的差别,直接关注理性自身。我们现在必须改进观察事物的方式,否则的话,这种主张就是无意义的,相关的属性也是不定型的。这是我们将要讨论的。我们必须回应平等主义反对者通常提出的批评,他们认为,我们——就是你和我,亲爱的读者——描述性地将每个人**视为**平等的,仅仅因为我们已经在规范上将他们视为对等的了。这听起来好像我们在欺骗别人。我们接受批评是为了提醒我们的反对者,我们不是寻找描述性特征来**驱使我们**(*drive us*)走向平等或者**证明**(*prove*)平等是有效的。相反,我们寻找那些与规范性立场相关联的描述性特质是为了理解整个平等主义立场。

第 七 节

在本讲的讨论中,我已经指出与平等相关的规范非常重要——我认为它们是这样的——并且,任何重要的事情都需要一个坚实的基础。我将在第三讲中分析这个基础。但也有一些哲学观点认为在政治哲学规范论中,平等无关紧要,甚至毫无意义。这种观点认为这些规范并不像平等主义者说的那么重要,即使有重要作用,他们认为那也不是平等,而是其他原则。

这些批评大多针对的是非基本平等。比如,彼得·威斯顿(Peter Westen)就指出,平等哲学中的非歧视原则实际上指的是我们合理区别对待一些人和另一些人。以我在第一讲中提到的例子为例,我们认为应该根据身体的适合程度来选择消防员。如果白人和黑人应聘者身体条件相同,却给予白人应聘者更多优先权,我们说黑人应聘者就遭遇了不平等对待。在威斯顿看来,实际上这种不平等对待源于选择标准的错误:消防员的资格与种族毫无关系,而是与身体的适合程度有关。我们主张应该平等对待应聘者就意味着应该根据恰当的标准对待他们。如此说来,这个主张不重要:应该考虑的事就应该被考虑。在我们确定标准应该是什么之前,该主张仍然不重要。威斯顿认为,真正值得讨论的不是平等,而是招聘消防员时,应该坚持什么样的标准,反对什么样的标准。①

很多年前当我评论威斯顿的大作时,我指出他有一点道理。但当讨论消防员资格的标准问题时,平等的诉求仍会出现。在确定身体标准时,我们的标准是消防员必须服务社会中每个人的利益。我们指出,恰当的标准是所有人的利益都应该得到保护。当面临火灾时,每

---

① 参见 Peter Westen, *Speaking of Equality: An Analysis of the Rhetorical Force of "Equality" in Moral and Legal Discourse* (Princeton University Press, 1990), 110。

个人都需要合适的消防员保护他们及其财产。在确定消防员标准时，这个计算要求我们平等考虑每个人的利益。我们不会论证作为白人身份基础的种族是这个令人向往的职业的标准（通过证明白人更能胜任这个值得赞美的职业）。这种论证不是平等对待白人和黑人的利益，但身体标准可以做到平等对待。所以，平等——平等对待利益——的确进入了这个有意义的计算中了。① 这就是基本平等的任务。（你们可能还记得我在第一讲第三节中相似的论证。）

但威斯顿可能会这样回应，他可能承认在确定消防员选择标准时，应该平等对待所有人。但他可能指出，这是一种微不足道的计算。这可能只不过是说我们应该计算所有相关人的利益，应该给予他们应有的权重。这当然是我们应该做的，特别是在这个具体案例中，我们应该小心翼翼地做我们应该做的，计算我们应该计算的。这非常清楚，但这又能说明什么呢？

我试图捍卫的立场源于边沁的著名格言，当我们计算所有人的利益时，"每个人都只能当作一个人来计算，而不能当作一个以上的人来计算"。作为一个彻底的、毫不妥协的功利主义者，边沁认为我们需要审查所有公共政策——包括招聘消防员——的基础，审查它们是否提升了最大多数人的最大幸福，这意味着需要对给定原则之下所有受益人和受到伤害的人列一个清单，最终只能选择痛苦总和少于受益总和的方案。也就是说，如果我们没有其他选择，不得不接受一些痛苦，在各种备选方案中，我们应该选择痛苦最少的方案。我们应该列出预期

---

① Jeremy Waldron, "The Substance of Equality," *Michigan Law Review* 89 (1991): 1357-1359.

的损失与收益,在这个列表中——根据功利主义计算——每个人都要
算一个,谁也不能超出一个。当然快乐和痛苦可能是强烈的,也可能
是持久的,这些维度都应该被考虑。对每个人应该以相同的方式和同
样的程度加以计算。女王长久的幸福感每分每秒都与平民长久的幸
福感同等重要。爱丁堡南桥上最堕落的乞丐所遭受的痛苦与研究新
约全书的教授所遭受的同样严重。这就是边沁的立场,与其他功利主
义者一样,他坚决主张这个立场。① 他认为如果我们坚持这个立场,那
么英国大量的法律和政策都应该修改,因为英国很多法律和政策的证
成与颁布都没有考虑或者平等考虑那些受到影响的大多数人的利益
和痛苦。

我不是说信奉平等原则要求我们成为边沁意义上的功利主义者。
除了边沁的享乐福利主义之外,还有多种思考利益的方式;除了他的
最大化原则之外,还有很多计算利益的方式。但正如我在第三节所
说,他的格言“每个人都只能当作一个人来计算,而不能当作一个人以
上来计算”几乎可以运用到所有后果主义计算中,不管这种计算是否
被理解为道德的本质(像功利主义那样),还是被理解为我们道德观点
的一个重要因素。现在,一个新问题来了,我在回应威斯顿时使用的
边沁格言仅仅是一个同语反复:“应该计算每个应该被计算的,没有人
可以或多或少地超出他们应该被计算的。”这是否可以归结为平等关
怀呢?

还有一种观点。这种观点认为边沁的格言非常有名,但实际上在

---

① 顺便提一下,这是**连续性平等**(*continuous equality*)原则;实际上,那些主张平等对待
动物的人也经常引用这句话:“每一个动物(人或非人类)都是只能被当作一个来计
算,没有哪个可以当作一个以上来计算。”

边沁的著作中很难找到这句话。大卫·里奇(David Ritchie)在 1903 年《自然权利》中指出,这个格言是因为穆勒的引用而举世闻名的。对于穆勒来说,边沁就是一个世俗的教父。① 里奇说:"最大化对于功利主义大师来说似乎只是一个不成文的信条。"②边沁的观点更加具体,他说:"在普遍快乐中,最无助的乞丐的快乐与共同体中最富有的人的快乐是一样的。"③亨利·西季威克(Henry Sidgwick)也持类似观点:"从普遍主义观点来看,任何人的善都不比其他人的善更加重要。"④同样,这些观点听起来全都令人印象深刻,但穆勒在《功利主义》的一个脚注中对他教父的观点给出了如下附释:"更准确的描述是:无论是在同一个人还是不同的人的感受中,假定同样数量的幸福感是同样令人满意的。然而,这并不是支持功利原则所必需的前提,而正是功利原则本身。如果这里边真的蕴含着什么先在的原则,那么也只能是,算术的真理是可以应用于幸福的评价的,就像可以应用于其他一切可度量的量一样。"⑤这似乎已经偏离了边沁的观点,威斯顿可能会说,这已经将边沁的格言变得无关紧要了。⑥ 或者,即使不是无关紧要,这条格

---

① 穆勒指出,"因为'最大幸福原理'之所以含有合理的意义,全在于它认为,一个人的幸福,如果程度与别人相同(种类可恰当地容有不同),那么就与别人的幸福拥有完全相同的价值。一旦这些条件得到了满足,边沁的名言'每个人都只能当作一个人来计算,而不能当作一个以上的人来计算'便可写作功利原则的一个注释",参见 John Stuart Mill, *Utilitarianism*, ed. George Sher (Hackett, 2002), 62 (chap. 5)。

② David Ritchie, *Natural Rights*: *A Criticism of Some Political and Ethical Conceptions* (Swan Sonnenshein, 1903), 249.

③ Jeremy Bentham, *Constitutional Code*, bk. 1, chap. 15, quoted in Amy Gutmann, *Liberal Equality* (Cambridge University Press, 1980), 23.

④ Henry Sidgwick, *The Methods of Ethics*, 7th ed. (Hackett, 1981), 382.

⑤ Mill, *Utilitarianism*, 62n. (chap. 5).

⑥ 关于他对边沁名言的讨论,参见 Westen, *Speaking of Equality*, 252。

言也不过是一种一致性或合理性的要求。双重计算当然是错误的:这意味着某人比其他人更加重要,但实际上两人的现实情况是相同的。① 基本平等原则告诉我们应该公正地运用我们的原则。可能这是一个很好的提醒,但在这六场讲座中很难展开具体论证。

第 八 节

认为平等是无关紧要的或者是多余的观点同样可以运用到平等尊重和平等关怀上。牛津哲学家 J. R. 卢卡斯曾这样说道:"如果我们愿意,会称之为尊重的平等原则,但这个短语中的'尊重'——对每个人的人性的尊重,把他作为一个人来尊重——发挥了逻辑作用,而'平等'在这个术语中没有增加任何新东西,只不过是一个没有用的多余之物。"②我们相信我们应该尊重人,这意味着我们应该尊重你、你、你,你们中的每一个人;我们应该公平公正地运用尊重原则。但平等在这里没有作用:我尊重这个值得尊重的人,我也尊重另一个值得尊重的人,在同等情况下两者应该是一致的。但同等性或平等自身与这种计

---

① 我不赞同这个说法:"人们有资格偏爱他们自己所爱之人。相比其他人所爱之人的幸福和痛苦,人们有资格更多计算自己所爱之人的幸福和痛苦。"例如,参见 Samuel Scheffler, "Morality and Reasonable Partiality," in *Equality and Tradition*: Questions of Value in *Moral and Political Theory* (Oxford University Press, 2010), 41 - 75. But that is not really a counterexample to the Bentham adage: it operates instead as an account of what valuing involves for humans in certain contexts, and it applies equally to everyone. 但这并不是边沁的格言的反例:它关注的是在某些情况下人们的价值选择,这种选择同样适用于所有人。

② J. R. Lucas, "Against Equality," *Philosophy* 40 (1965): 298.

算没有关系。①

哈利·法兰克福(Harry Frankfurt)教授在他的一本小书《论不平等》中也说过,我们每个人应该享有平等的权利。

> 一个人应该享有的权利和应该得到的关注和关怀从本质上与其他人应该得到的关注和关怀没有关系,和其他人应该获得的尊重和权利也没有关系。每个人都应该根据他是谁和他做了什么而被赋予相应的权利、尊重、关注和关怀。他们获得这些资格并不依赖于其他人是否同样享有。②

对于平等也是如此。我们应该回应法兰克福和卢卡斯以及其他人的批评。

首先,法兰克福声称的 X 拥有权利从不依赖于 Y 是否拥有这个说法是错误的。在一些情况下,权利在本质上是平等的。让我们思考政治权利:如果我们假定 X 在谁统治他的问题上拥有话语权,那么 Y 也应该拥有;当我们规定 X 拥有权利的范围时,我们不得不思考在这个法律体系中,X 和 Y 是否是政治平等的,他们的投票是否具有相等分量。我们至少必须说,在我们生活的社会中,在谁统治的问题上,X 并不比其他人(比如 Y)拥有更多的话语权。他所获得最大的话语权与对他的限制是相一致的。但如果剔除了被视为无关紧要的平等主义的限制,我们的计算将完全是空中楼阁。这就是我们所说的"比较性正义",在这里我们比其他地方更加确信 X 和 Y 所分享的东西应该是

---

① 参见 Westen, *Speaking of Equality*, 102 - 103; Joseph Raz, "Professor Dworkin's Theory of Rights," *Political Studies* 26 (1978): 130。

② Harry Frankfurt, *Inequality* (Prince ton University Press, 2015), 74 - 75.

平等的。另一个比较性正义案例是刑事审判,在这里我们更加确信两个有着相似前科和犯相似抢劫罪的重犯应该被判相同刑期,就这一点而言,我们比应该判多长刑期更加确信。总之,法兰克福的论证主要适用于非比较性正义,适用于一些具体案例,我们相信这个人不应该被虐待,他应该拥有言论自由和生存权,这种确信对于另一个人也同样如此,但这个论证对人们之间的比较性案例就不再有效了。① 法兰克福在他的小书中彻底遗漏了比较性正义。

　　比较性正义的范围相对较小。但即使对于非比较性案例来说,我们仍然可以说基本平等原则不是多余的。我同意维尼特·哈卡萨(Vinit Haksar)对 J. R. 卢卡斯的回应:"卢卡斯认为'平等'是一个多余的概念完全是错误的。这里关系到是否由于一些人的本性就应该给予他们更多尊重和关怀这个实体性问题。对这个实体性问题的一种回答是应该给予所有人平等尊重。"②哈卡萨认为,在这场争论中持另一种观点的就是说出"中国佬和黑人"的赫斯廷·拉什达尔。我想哈卡萨的观点是,如果你随意抛弃了"平等",那么当有些人或某种文明主张特定人、特定群体比其他人的利益更加重要的时候,你可能会发现更难表达一个实质性的观点。如果我们批判这种观点,那么平等就是表达我们支持什么和反对什么的方法。这种传统是存在的,比如种族主义和性别主义,要明确表达自己的观点、反对这种传统的最富有

① Cf. Joel Feinberg, "Noncomparative Justice," *Philosophical Review* 83 (1974): 297 – 338.

② Vinit Haksar, *Equality, Liberty, and Perfectionism* (Oxford University Press, 1979), 149.

启发性的方式就是使用平等尊重的语言。[1]

当然，我们可以使用不同话语表达平等主义立场，如果威斯顿、卢卡斯和法兰克福希望我们这样做的话。他们对这个术语过敏，也许我们应该对此敏感。我们可以说尊重源于人性等，关注和关怀同样也是如此。我们并不必然使用这八个字母"e-q-u-a-l-i-t-y"。但这个术语的确引起了另外一个重要的共鸣，它表明我们正在抗争的传统以及与之抗争的传统。我们对人性有着深切的尊重，面对那些认为人类之间存在差别或者平等程度存在差别的人，我们应该坚定这种信仰。观念推动着我们的行动，平等这种观念推动着文明的进步。

第 九 节

请允许我讨论多余论的最后一个问题，因为我认为这非常重要。

我想集中讨论一些著名的伦理规范。当拿撒勒的耶稣告诉我们应该给饥饿的人食物，给陌生人旅社住、照顾病人和到监狱中探监——并且说，因为我们会对"我这弟兄中一个最小的"这样做，我们这样对待我们的弟兄[2]——他的命令中包含着平等对待每个人的规范，包括那些看起来生活境况极差的人。但威斯顿、卢卡斯和法兰克福会说，这些仅仅是面对紧急需要时的规范。你应该这样对待每一个

---

[1] 相关讨论参见 Nicholas Mark Smith, *Basic Equality and Discrimination: Reconciling Theory and Law* (Ashgate, 2011), 22 - 23, of a similar passage from H. L. A. Hart, "Between Utility and Rights," *Columbia Law Review* 79 (1979): 845。正如史密斯(Smith)所指出的，哈特承认平等的重要性，(例如)反对"重复计算，给予婆罗门或白人两票，给贱民或黑人一票"。

[2] Matthew 25:31 - 40.

身处这种境况的人,无论是这个人,还是那个人——这个犯人、那个病人、那个陌生人,等等。你应该公平地对待这些人,但不需要使用"平等"这个词。所以,我们再次被告知,所谓平等原则不过是一种坚持运用道德原则的决心——也就是说,要把每个人的利益都视为他应得的待遇。

我们甚至不需要人道主义这个词(卢卡斯说的"普遍主义的人道主义")①。相反,我们可以信奉一种道德特殊主义。我们可以给予每个人应该得到的关怀,每个动物应该得到的关怀,每一株植物,每一块岩石,等等。② 植物和岩石的例子可能不足为论。但如果我们仔细思考人类和动物,那么我们可以发现,我们关怀它们的原因在于它们有获得关怀的特殊需要,而不是因为它们是动物,或者是人类,或者彼此对等。每个人和动物——最渺小的与最伟大的都一样——都有某种需要,正是这种需要要求我们给予关怀。

所以,在广袤的宇宙世界中,面对每一个微观道德案例,我们不需要使用平等或不平等原则,甚至也不需要使用"物种""人类"等术语。我们只需要仔细观察每一个案例,弄清楚发生的情况,观察每一个对象,弄明白它的利益和需要是什么,如何尊重它们。无论我们遇到什

---

① Lucas, "Against Equality," 298.

② 当拉兹界定普遍原则时,他就非常接近这种立场。他说,普遍原则适用于所有事物,根据普遍原则的规范要求,所有事物都是平等的,不能排除任何事物。如果一个原则是普遍的,那么这个原则的主体是谁呢? 一种建议可能是,"所有"应该包括一切事物,并且应该根据在什么情况下原则不再有效来界定原则的内容。"应该尊重一切具有自身利益的存在物"运用到石头上就是无效的,因为石头没有自身利益。拉兹认为,这不是一个确定哪些原则是平等原则的好方法,但这种方法可以帮助我们明白许多看似平等的原则并不是真正的平等原则。参见 Joseph Raz, *The Morality of Freedom* (Oxford University Press, 1986), 221。

么或正在处理什么,无论我们的决定是否影响了其他存在物,我们只需要持续地关怀每个人、每个成年人、每个男人、每个女人,每只猫、狗,每条鱼,每块岩石,等等。我们可能仍需要某些道德原则,但道德原则的内容与当下该怎么做之间并没有什么紧密联系。他们会说,"如果你发现了流血,赶紧止血。""如果你发现了痛苦,赶紧消除痛苦。"他们可能不会使用"人类"这样的术语,当然,也不会使用"平等"。他们的原则是面对特殊情况该使用什么原则就使用什么原则,而不是适合某一类或某种存在物的普遍原则。当然,这种原则也可以普遍地量化,但量化的公式是,"对于所有 X,如果 X 渴了,请给 X 水"。X 可能包含一切事物(人、动物、植物、岩石,等等)。

因此,他们的原则告诉我们,如果某物或某人正在受到伤害,我们需要做的就是减轻痛苦。急救原则可能会说,"如果遇见肢体骨折,先固定住它,如果你可以的话。"我们不需要局限于运用原则的适用范围。"如果某人或某物将从友爱中获得收益,或者如果某人或某物来到了陌生地方,那就欣然接受。如果他能从照料和教育中得到好处,那就给他照顾。"道德特殊主义可能会说这就是我们应该遵守的原则,我们应该一以贯之地运用这些原则。毫无疑问,我们最终将把这些原则运用到那些被耶稣称为"我这些兄弟中最小的一个"身上。我们甚至不需要任何兄弟或友爱概念。当某种需要或利益出现时,我们只需要积极回应就可以了。

这种道德特殊主义并不像听起来那样荒谬可笑,特别是当它作为一种特定时间下的特殊关怀时,就更加如此。但我想以一种不同的、间接的方式加以回应。

吉福德的捐赠涉及了自然神学,我在这些演讲最开始的时候就说了这些演讲具有宗教色彩。我的第二个案例就是关于仁慈的撒马利亚人的寓言。

> 有一个人从耶路撒冷下耶利哥去,落在强盗手中。他们剥去他的衣裳,把他打个半死,就丢下他走了。……唯有一个撒玛利亚人行路来到那里,看见他就动了慈心,上前用油和酒倒在他的伤处,包裹好了,扶他骑上自己的牲口,带到店里去照应他。第二天,拿出二钱银子来交给店主说:"你且照应他,此处所费用的,我回来必还你。"①

你们可能想起,这个故事源于耶稣对律法师令人恼火的问题的回答:"谁是我的邻舍呢?"回答这个问题时,耶稣不是重申传统共同体的区分,而是跨越了伦理和宗教的界限。从犹太律法来看,假定那个人是犹太人②,那么撒玛利亚人绝对不是他的邻居。如果将一个对陌生人的帮助行为与一个布道者的帮助行为进行比较,那么这个故事就显得更加动人。但在赫伯特·芬格莱特(Herbert Fingarette)看来,耶稣用一个撒玛利亚人——一个地理上的邻居——替代了布道者,但在他那个时代,撒玛利亚人却是犹太人所鄙视的和讨厌的人,他们被视为行为不检点的、不洁净的、不道德的,在很大程度上是异教的。③ 皮

---

① Luke 10:27-37.

② John Bowman, *The Samaritan Problem: Studies in the Relationships of Samaritanism, Judaism, and Early Christianity*, trans. Alfred M. Johnson (Pickwick Press, 1975), 69.

③ Herbert Fingarette, "Some Moral Aspects of Good Samaritanship," in *The Good Samaritan and the Law*, ed. James Ratcliffe (Anchor Books, 1966), 217-218. 非常感谢维克多·奥斯丁(Victor Austin)和安德鲁·米德(Andrew Mead)帮助我思考好心的撒玛利亚人寓言。

特·温奇(Peter Winch)指出,我们可以同样讲述这样的故事,一个巴勒斯坦人在从耶路撒冷到耶利哥的路上帮助了一个以色列人。[1] 另一个评论者菲利普·埃斯勒(Philip Esler)补充道,如果下一个路人不是以色列人,而是你在途中特别想遇见的人,这个故事依然能说得通,因为遇见谁并没有差别。[2]

对于我们来说——我已经说过这是我同情道德特殊主义方法的地方——值得关注的是撒玛利亚人以一种简单直接的方式运用了急救原则。他没有思考任何传统问题:这是什么人? 他是我们共同体的成员吗? 我们之间有共同联系吗? 帮助他是我的责任吗? 如果从严格意义上的邻居概念来看,他是我的邻人吗? 撒玛利亚人没有提出这些问题,也没有列出任何社群主义关于共同体的清单。他仅仅运用了需要原则和急救原则。"这个人在流血,这个人需要照顾,可能需要好几天。"撒玛利亚人行为中的荣光体现在他没有受任何社群主义区分的影响。到目前为止,这个理论很不错。

道德特殊主义可能会走得更远。他可能说不需要用人的平等来解释这个寓言,从平等角度来看,撒玛利亚人对路人的救助,不是一个平等的犹太人,而是一个平等的人。在道德特殊主义看来,不需要用人的任何东西来解释这个寓言:人的价值、人的尊严或人的地位。这只是对流血、伤害和危险的一种客观的直接回应。也许,如果撒玛利

---

[1] 参见 Peter Winch,"Who Is My Neighbor?," in *Trying to Make Sense* (Basil Blackwell, 1987),156。

[2] 参见 Philip Esler,"Jesus and the Reduction of Intergroup Conflict: The Parable of the Good Samaritan in the Light of Social Identity Theory," *Biblical Interpretation* 8 (2000):333 - 334。相关讨论参见 Jeremy Waldron,"Who Is My Neighbor? Humanity and Proximity," *Monist* 86 (2003):333 - 354。

亚人遇到了路边一条被汽车撞伤的狗,撒玛利亚人也会客观地运用同样的原则:止血、包扎伤口、带到安全的地方。道德特殊主义认为,面对这些紧急情况,你不需要任何平等、价值或尊严的信念。你需要的仅仅是在任何地方都客观地坚持你的原则。

在某种程度上道德特殊主义可能是正确的。在去耶利哥的路上,撒玛利亚人毫无疑问面对的是**流血的紧急情况**(*bleeding alert*)和**伤害的紧急情况**(*suffering alert*),但我想更重要的在于他面对的是**人的紧急情况**(*human alert*)。① 我说过,他可能遇到一条受伤的狗,但实际上他遇到的是一个落到强盗手里并受到伤害的人。面对这种情况,撒玛利亚人需要对人的特征作出回应,而对狗来说可能不需要这样做。我不是说我们可以忽略狗,但照顾一个人与照顾一条狗的确是不一样的。如果这个路人还有意识,撒玛利亚人需要解释将怎么帮助他。撒玛利亚人需要缓解这个人的紧张情绪,因为人具有对未来充满希望或产生恐惧的能力,就像能够回忆一样。他可能需要告诉这个路人把他带到旅店后,谁最后将付钱。如果这个路人对他表示感激,他应该尊重这种感激之情。不仅如此,因为这是一个人在路上受到伤害,很可能需要联系某人,需要给他的爱人打电话,等等。这些需要、属性、关怀和尊重都是平等原则的一部分,在处理受到伤害的人的时候,**在每一个人的类似情况下**(*indeed in the case of every single human*),都可能需要这样做。即使我们在路上遭遇到的不是作为**共同体成员的紧急情况**(*community alert*),我们也需要这样做。

---

① 我并不是说寓言中的撒玛利亚人听起来像是一个好管闲事的人或一个专业的行善者,在四处寻找需要帮助的对象。这只是他(和每个人)的道德观念的一部分,无论他在路上做什么,当他遇到这些困境时,他都能够伸出援手。

如果我们的回应中存在着一些社群主义因素的话，我想可能就是特殊的习俗，或者关于我们帮助对象的特殊禁忌。这个受伤害的人是一个耶和华见证人，信奉不输血理念吗？如果受到伤害的人已经不可挽救，他的族人会参加他的葬礼吗？但这些例外情况恰恰证明了平等的原则。因为对于**所有人（*all*）**，都需要回答这些问题，对于**所有人（*all*）**，提出这些问题都非常重要。人都具有他们的习俗、禁忌和关于葬礼的信念。当你面对一个人——任何人——的时候，了解这些习俗、禁忌和信念的内容并且尊重它们都是很重要的。

由于这些原因，我说——我想这是我反对特殊主义方法的基础——人类是道德存在物。对人的这些特殊关怀源于他们是人，所以我们必须进行必要的道德解释。我们不可能完全按照道德特殊主义方法，抓住每一个个体和每一种处境。我们处理的总是一些人，即使我们处理的是像"我这些弟兄中最小的一个"或"落入强盗手中的人"这样的个体。人是一种道德存在物，基本平等必须做必要的道德解释。我们需要人的范畴以及与之相关的特定伦理绝对命令，我们需要平等地、无歧视地运用到每一个受到伤害或可能受到伤害的人身上。

拉什达尔等人可能会说这里有一个错误，他们认为在途中遭遇到的应该是一个**白人紧急情况（*white man alert*）**，因为这才是对待某人利益时应该关注的有价值的方面，也是人们之间的关键差别。我们的伦理原则应该"在关键点上塑造自然"①。根据拉什达尔的说法，伦理

① 关于这个比喻参见 Plato，Phaedrus，ed. Alexander Nehemas and Paul Woodruff（Hackett，1995），64。关于自然类别的深入讨论参见 Joseph Campbell et al.，eds.，*Carving Nature at Its Joints：Natural Kinds in Metaphysics and Science*（MIT Press，2011）。

原则应该处理的关键问题是"白人"和"无数中国佬和黑人"的差别。我们确信拉什达尔的观点绝对是令人生厌的和错误的。我想这才是基本平等原则的部分内涵。

各位请记住,这里不是一个人对另一个人的相互作用,就像一个撒玛利亚人和从耶路撒冷到耶利哥途中落入强盗手中之人之间的相互作用。在道德哲学中,特别是在政治哲学中,我们处理的是众多人群,我们需要的是粗线条的普遍化原则,这些原则引导我们关注那些适用于受政府影响的人的政策的具体效果。请记住,我在第一讲中提到的拉什达尔的引文源于他《道德哲学论文集》的论**正义**一章,而不是论个体伦理的那一章。拉什达尔任教于牛津大学新学院,他教授年轻学生如何治理英帝国。这里一定关涉到如何将在英帝国统治下无数"中国佬和黑人"的需要和期盼与少数白人的利益联系起来的问题,这些白人们生活在霍利威尔街、布鲁姆斯伯里,或者——请原谅——在爱丁堡的莫宁赛德街。

你可能会说,"好吧,但至少拉什达尔**追问**(*ask*)了不同能力是否应该享受不同幸福这种非连续性问题,或者与其他特征相对应的非连续性问题。"我的回答是,对,他的确提出了这个问题,但这个问题的风险太大了,所以我们给出明确和响亮的答案:"不存在。人类在幸福或痛苦的能力上没有如此大的差异,在道德行为、对价值或基本理性的反应上也没有如此巨大的差异。在这些基本方面,所有人都是平等的。"任何人在路途中都可能遇到不同类型的人——不管遇到的是帝国官员还是前往耶利哥的人,都应该以一种人道主义精神关怀和尊重他们,将每一个人视为我们的对等者。

第三讲　寻找范围属性

基本平等原则认为在我们之间一定存在着某些事实性平等。这种事实性平等是什么？理解彼此对等的最佳方式就是将之视为一个道德原则：这是一个规范，不管这个规范以什么规定性形式表现出来。现在问题是：根据什么事实或者我们的什么事实使整个原则得以有效？这个根据是什么？这是我在第三讲中讨论的问题。

第　一　节

所有诸如此类的理论都存在这个问题。罗尔斯认为基本平等保证了我们每个人都是正义原则的受益者。但他承认："目前为止，我们还在考虑什么样的生物应该得到正义的保证。"[1]他说，这可能不包括

---

[1] John Rawls, *A Theory of Justice*, rev. ed. (Harvard University Press, 1999), 442.

动物。① 但什么样的特征保证了被包括在内的那些生物有权成为平等对待的对象？ 在康德看来，我们具有平等对待彼此的义务，规范我们的行为，从而"能够与任何人根据一个普遍法则自由共存"②。但这个"任何人"指的是谁？ 我们如何区分那些在自由原则下有权获得这种共存的存在物或实体与那些无权获得共存的存在物或实体呢？ 洛克在 1680 年《政府论》第二卷的开头处说过，"极其明显，同种和同等的人们既毫无差别地生来就享受自然的一切同样的有利条件，能够运用相同的身心能力，就应该人人平等，不存在从属或受制关系"③。他要求实现的是这种"管辖或统治"④的平等。这是他平等主义理论的目标。他说这种要求是建立在我们平等的能力和我们生来就具有同样的自然优势的基础上的。但这些能力是什么？ 自然优势是什么？

即使我们像在第二讲中讨论的那样采取一种决定主义方法对待平等，这些问题仍会产生。我们听到一些人——如麦克唐纳和阿伦特——说："看，我们可以**决定**(decide)将一个阶级的人群视为平等的，我们只是**决定**采取彼此对等的立场。"⑤但即便如此，正如我说的，我们仍可以追问：我们做出决定时，划分这个阶级的特征是什么？ 当我们

---

① John Rawls, *A Theory of Justice*, rev. ed. (Harvard University Press, 1999),442. 罗尔斯补充道，动物"可能已经被排除了，对它们当然有某些保护，但它们的地位不同于人的地位"。

② Immanuel Kant, *The Metaphysics of Morals*, in *Practical Philosophy*, ed. Mary Gregor (Cambridge University Press, 1996), 387 (6:230).

③ John Locke, *Two Treatises of Government*, ed. Peter Laslett (Cambridge University Press, 1988), 287 (II, §4).

④ Ibid., 322 (II, §54).

⑤ Margaret McDonald, "Natural Rights," in *Theories of Rights*, ed. Jeremy Waldron (Oxford University Press, 1984), 21–40; Hannah Arendt, *On Revolution* (Penguin Books, 1977). 也可参见第二讲第五节。

说彼此对等时,个体的什么特征使我们作出这个决定?我们运用了哪些要素?所以,无论是决定论还是非决定论,我们寻找的都是某种相似性。我们寻找的是一种"主导属性"(host property),分享这种属性是人们平等的关键。① 决定论与非决定论的差别仅仅在于,对于决定论方法来说,我们要寻找的仅仅是作出决定的表征,而对于更深层次、非决定论方法来说,我们寻找的是依据,而不是表征。② 尽管如此,由于决定论者承认必须理解如何做出决定,所以这两种论点结合在了一起。

在第一讲中,我说基本平等原则可能有两种。一种是**独特性平等**,这种原则建立的基础是:我们平等地拥有一些区别于其他动物的属性,这些属性赋予所有人以同样的高贵尊严。独特性平等原则的信奉者寻找的是理解人性的独特性和卓越性的方法。或者,我们可以坚持一种更加谦逊的立场——**连续性平等**——这种原则认为在人类范围内没有一些人的地位低于另一些人。连续性平等没有回答人类地位是否高于其他生物的问题。严格说来,更为谦逊的连续性平等立场并不要求所有人都分享唯一特性。因为这是一个否定性立场:不存在只有一些人拥有某些特性而其他人不拥有的情况。但我第二讲中已经说过,证明这个否定性立场实际上并不容易,这些连续性平等的信奉者同样将他们的信念建立在所有人共同享有某些关键属性上(即使是与其他高级动物共同享有),这些关键属性证明了拉什达尔的非连

---

① "主导属性"这个术语取自约翰·孔斯(John Coons)和帕特里克·布伦南(Patrick Brennan)。参见 John Coons *and* Patrick Brennan,*By Nature Equal*:*The Anatomy of a Western Insight*(Prince ton University Press, 1999),39。

② 关于这一点,非常感谢杰弗里·斯托特(Jeffrey Stout)。

续性立场是毫无根基的。①他们相信他们不会被驱使去把不同阶层的人视为彻底不平等的,这种信念源于所有人共同拥有一些属性,这些属性推翻了任何假定非连续性的基础。所以,我真的认为独特性平等与连续性平等信奉者都需要寻找人类平等的基础。

寻找作为人类平等基础的**属性**还有一个前提性问题。在这场演讲和下面的演讲中,我将在宽泛的意义上使用"属性"这个词。我们寻找的可能是某种属性、关系、能力,或一系列属性、关系和能力。随着我们讨论的深入,焦点将会集中到一系列能力上。到第五讲和第六讲时,我们不仅仅关注能力,而且关注一系列能力发展的历程(trajectory)、它们的运用和它们所带来的人与人之间的关系。但我们不能直接跳过去,我们需要逐一考察这些属性(在宽泛意义上的属性)。

第 二 节

如果我们是赤裸裸的物种歧视主义者或纯粹的人类沙文主义者,我们可能会直截了当地说,人类平等的关键属性是人的 DNA。我们可以从这开始,但这个出发点并不能令人满意。它并不能解释平等立场,不能解释我说过的伴生性。它也不能解释基本平等,不能给出值得平等对待的任何合理依据。特别是,它不能解释**独特性平等**,一旦面对曾经提到的处理其他动物的问题时,这个问题就更加具有争议性。

无论如何,如果我们将人的 DNA 视为主导属性,我们将不得不面

---

① 关于拉什达尔非连续的概念,参见第一讲第八节。关于连续性平等依赖于共享的属性的论证,参见第二讲第六节。

对这个观点,DNA 的重要性不在于它**是**(is)什么,而在是它**意味**(for)着什么。DNA 的确具有基础性,它使其他有机属性成为可能。我们想要理解(或我们**应该理解**)的是根据我们基因属性所形成的 DNA 给平等带来了什么。所以,仅仅根据 DNA 是不够的,其或者带来了争议,或者没有回答我们试图解决的关键性问题。

第 三 节

哲学家威廉姆斯在 1962 年"平等的理念"(已经发表的为数不多讨论我这些演讲主题的文章)中详细讨论了人性的简单事实。他坦承,如果仅仅说我们所有人都是人,那么这个出发点并不能带来什么希望。但他继续写道:

> 所有人都是人,如果这是一个有价值的同语反复的话,提醒我们注意到所有这些属于**人类**的都能够说话,都能够使用工具,生活在社会之中,能与其他不同种族的人进行交配,同时存在着许多容易被遗忘的相似性。这些方面最主要表现在感知痛苦的能力,无论是直接来自肉体的痛苦,还是其他来自知觉和思想的痛苦,表现在对于他人表达情感的能力,以及这种情感的受挫和失落,等等。①

与威廉姆斯一样,我认为非常值得关注这些能力:感受痛苦的能力和对他人表达情感的能力。他继续说道:"虽然所有人都拥有这些

---

① Bernard Williams, "The Idea of Equality," in *Problems of the Self* (Cambridge University Press, 1973), 232.

特性是毫无争议的,但这绝不是无关紧要的。因为有些政治制度和社会制度安排充分注意到了一部分人的这些属性,而忽视了其他一些人的这些属性,也就是说……忽视了从这些属性中产生的道德诉求。"①我想威廉姆斯1962年思考的是南非问题,特别是这些属性的第二个方面:种族隔离制度残忍地将黑人劳工同他们的家人隔离开来,有时长达数月,甚至数年;他们任意地这样做,似乎这些被隔离者的痛苦毫无意义。

　　威廉姆斯列举的这些属性仅仅是连续性平等的基础,还是更坚实地为独特性平等奠定了基础? 这第一个特征,感受痛苦的能力好像是连续性平等的基础:所有人都拥有这种能力,但实际上很多动物也具有这种感知痛苦的能力。18世纪伟大的功利主义者边沁的著名观点就是,这种属性既是道德平等的关键,也是我们与其他动物所共同拥有的关键属性。他追问道,还有比我们和动物都能感受痛苦这个更重要的事实吗?"还有其他什么能够打破我们与动物之间难以逾越的界限吗? 是理性能力吗? 或者是语言能力吗? 但一个成年的马或狗在理性或语言方面与一个刚出生的或出生一周、一个月的婴儿并不具有可比性。"②边沁说道,"问题并不在于动物们具有理性,或者会说话,而是它们同样具有感知痛苦的能力。"③因为所有人都能感知痛苦,在这个意义上至少彼此对等,特别是可能带来痛苦的政治制度安排都应该

---

① Bernard Williams, "The Idea of Equality," in *Problems of the Self* (Cambridge University Press, 1973), 232.

② Jeremy Bentham, *An Introduction to the Principles of Morals and Legislation*, ed. J. H. Burns and H. L. A. Hart (Athlone Press, 1970), 282-283 (chap. 17, § i: 1 [note b]). 我们将在第六讲中对比分析婴儿和动物。

③ Ibid

考虑到这个方面的彼此对等。

我们在边沁著作的其他地方发现,边沁强调了"人类并不像其他动物那样局限在当下,而是能够通过预测的方式感知痛苦与快乐"①。这就将我们带到了人类的独特性领域,也即威廉姆斯提到的:"人具有感知痛苦的能力,无论是直接来自肉体的痛苦,**还是其他来自知觉和思想的痛苦。**"②所以威廉姆斯的标准似乎跨越了连续性平等与独特性平等。我想这是我们所期盼的,在我们的经验中,我们与其他动物所共有的特定属性呈现出独特的人类色彩,我们应该关注这种独特性表现带来的道德意义。

如果我们观察威廉姆斯的另一个标准,也就是表达情感的能力,我们可以发现相类似的情况。动物具有对其他动物表达情感(正如苏·唐纳森和威尔·金里卡最近指出的那样)的能力,人也同样具有。③但越是将这种情感能力理解为**爱**的能力,人的独特性就愈加明显。我不想作这种窄化的理解。当然,这是所有人都具有的一种属性——爱的能力——这可能也是平等的基础之一。在社会政策和政治政策中,人们能够爱和被爱感动往往——从根本上说——至关重要。④当下,与之相关的属性还包括情感、欲望、承认和认可他人的

① Jeremy Bentham, "Principles of the Civil Code," in *The Theory of Legislation*, ed. C. K. Ogden (Kegan Paul, Trench, and Trubner, 1931), 110. 相关讨论也可参见 Stefan Gosepath, "The Morality of Equal Respect," in *Do All Persons Have Equal Moral Worth? On Basic Equality and Equal Respect and Concern*, ed. Uwe Steinhoff (Oxford University Press, 2015), 138。

② Williams, "The Idea of Equality," 232;黑体字强调为我所加。

③ Sue Donaldson and Will Kymlicka, *Zoopolis: A Political Theory of Animal Rights* (Oxford University Press, 2011).

④ 比如种族隔离制度、同性恋和种族间的通婚等政策。

能力、如何适应他人的生活方式和行为方式并与之打交道,如何在这种关系中既打破自我又确证自我。我认为,我们生命的这些特征是理解我们彼此对等这个更重要事情的因素。毫无疑问,当我们做出某个决定时,应该注意与之相关的不同的人都平等地具有这些能力。

一些基督教思想家也提出了这种理论,他们认为人们之间是平等的,因为他们都具有彼此相爱的能力。他们认为,上帝爱着我们,赋予我们彼此相爱的能力。事实上,如果在某种意义上说上帝意味着爱,那么我们具有爱的能力就意味着我们体现了上帝的形象。[①] 但我们具有爱和情感的能力并不必然需要借助宗教,威廉姆斯就没有通过宗教方式。这可能来源于我们自身的关键事实,而不管上帝是否创造了这些事实,是否教会了我们注意这些事实。我们自身的一些重要事实赋予了我们这些特殊价值。有人认为,忽视了这一点将是对人类尊严的侮辱。

第 四 节

在我们的传统观念中,人们通常将理性作为人的价值和尊严的基础。让我们听听西塞罗在《法律篇》中对人的独特性的分析:这种动物——被赋予了远见和敏锐的智力,他复杂、敏锐、具有回忆能力,充

[①] 对这种可能性的讨论,参见 Roger Ruston, *Human Rights and the Image of God* (SCM Press, 2004),也可参见 Jeremy Waldron, "The Image of God: Rights, Reason, and Order," in *Christianity and Human Rights*, ed. John Witte and Frank Alexander (Cambridge University Press, 2010), 216 - 235。

满理性和判断力——我们称之为人类,创造他的至高无上的神给了他某种突出的地位。因为在如此众多的不同种类的生物中,他是唯一分享理性和思想的存在物。还有什么——我并不是说只是人心中的,而是整个宇宙中——比理性更神圣呢?① 这个理念在斯多葛学派那里也能找到,在早期基督教思想家那里也能发现,比如在阿奎那和奥古斯丁那里,这个理念一直延续到现代。②

斯多葛学派尤其喜欢将人的理性与神圣性等同起来。西塞罗和伊壁鸠鲁等哲学家不仅注意到上帝赋予了我们这个能力。他们还认为合理性就是我们理性的特征。合理性使我们与神或众神们构成了共同体。西塞罗说,"既然没有比理性更好的东西","而且它在人心和神之中都存在,人和神的第一个共有就是理性"。③(我想基督教的教义也是这样说的,当理性是上帝的一部分,上帝赋予我们理性就不仅是一件欢喜的事情,这个赋予——使我们与上帝的共同体关系成为可能,直到人类的堕落,这个共同体关系才开始瓦解。)斯多葛学派著名的观点是构建一个包含所有人在内的宇宙论意义上的共同体。他们可能会这样说,"我不是一个雅典主义者或柯林斯主义者,而是一个世

---

① Cicero,De Legibus,in *On the Commonwealth and On the Laws*,ed. James Zetzel (Cambridge University Press,1999),113.

② 关于斯多葛学派,除了西塞罗之外,也可参见 Marcus Aurelius,*Meditations*,ed. Martin Hammond (Penguin Books,2006),57 (bk. 7);Augustine,*On Free Choice of the Will*,trans. Thomas Williams (Hackett,1993),44 - 46 (bk. 2,chap. 8);Thomas Aquinas,Summa Contra Gentiles,bk. 3,chaps. 25 and 37,in St. *Thomas Aquinas on Politics and Ethics*,ed. Paul Sigmund (Norton,1988),6 - 7,8。

③ Cicero,*De Legibus*,113 (bk. 1,§ 23).

界公民。"这是斯多葛学派比较著名的观点①,不太为人熟知的是他们坚持这个宇宙论意义上的共同体联结了人与上帝。正如伊壁鸠鲁所说的那样:"每个人都是他所处的共同体的成员,但他同时是一个更大的上帝与人类共同体的成员,因此,城邦的政治仅仅是对这个更大共同体的模仿。"②我认为,非常有趣的地方在于这不仅超出了人是理性的动物这个层面,而且进一步追问了为什么这个层面对人来说特别重要。人被赋予理性从而极大地提升了人的价值。这种宗教论证为基本平等的世俗论证增加了砝码。我们不仅会狡计和计算:我们的理性是我们能够处理其他最困难事情的关键,也是我们与他人、与上帝至高联系的纽带。我将在第四讲和第五讲中继续讨论这个问题。

我说过,对理性独特意义的理解一直延续到早期现代思想。在《上帝、洛克与平等》中,我认为,仔细阅读洛克的著作我们就会发现,他同样认为理性是人类平等的基础。③洛克的确使用了上帝的形象——虽然只有一次——在《政府论》两卷本的第一卷中(很少有人认真读过第一卷)。在书中,他说:"上帝'模拟他自己的形象和外貌'创造亚当……无论上帝的形象表现在什么地方,智力的禀赋当然是它的

---

① 引自第欧根尼。相关讨论参见 Martha Nussbaum and others in *For Love of Country*: *Debating the Limits of Patriotism* (Beacon Press, 1996), 6。

② Epictetus, *Discourses*, trans. W. A. Oldfather (Loeb Classical Library, 1925), 63 - 65, 245 (bk. 1, chap. 9 and bk. 2, chap. 5).

③ 当然,洛克并不是唯一的、也不是最显著的和最激进的早期现代平等主义者。参见 Andrew Sharp, ed., *The English Levellers* (Cambridge University Press, 1998)。我集中讨论洛克是因为我对他最熟悉。

一部分,并属于全人类共有。"①在《上帝、洛克与平等》的第四章,我指出,洛克认为,理性是每个人的遗产,而不仅仅属于高智商的精英分子。他常常直接对比分析智力一般的人与学者、哲学家、律师的"博学的胡言乱语"②。这不是对理性的轻蔑,而是主张理性广泛地体现在所有人身上。

论证理性是平等的"主导因素"并不需要依赖宗教特性。人具有理解环境的能力给予了人们在世界中的独特地位,因此,他就不再默默地任由世界的摆布。这种对特定个人的理性的理解,将他与具有同样能力的人联系起来:他不仅与他们共同生活于世,而且与他们分享着对世界的理解和认知。

不仅如此,我们说,提炼抽象概念、捕捉感觉和经验的共性等创造力、并由此掌握和运用概念学习、反思、回忆——所有这些极大地提升了我们的能力。在更高水平上,它使人们能够发射宇宙飞船、探讨物质构成、揭示基因秘密、消除天花、研究哲学、编撰法典、撰写小说、谱写伟大乐章等等。在较低水平上,如果不能参与这些科学文化创作,至少能够享受和欣赏他们的作品,理解这些作品中包含的思想。不难发现为什么人们将这种能力等同于神圣性。人的理性及其文明创造使我们高于其他动物——其他动物的推理能力在最高水平上也仅仅

---

① Locke, *Two Treatises of Government*, 179 - 180 (I, §30). 洛克在这段话中主张夏娃也具有这种特征。参见 Jeremy Waldron, *God, Locke and Equality*: *Christian Foundations in Locke's Political Thought* (Cambridge University Press, 2002), 24 - 28。

② Waldron, *God, Locke and Equality*, 91, citing John Locke, An Essay Concerning Human Understanding, ed. P. H. Nidditch (Oxford University Press, 1971), 453 (bk. 3, chap. 10, §12).

停留于掰香蕉和数香蕉,但人的理智成就使我们成为人类。

第　五　节

　　理性的内涵非常丰富:既包含各种德性,也包含各种罪恶等。一些对平等感兴趣的哲学家主要关注的是一些特殊理性能力。洛克认为最重要的理性是我们的抽象推理能力。他相信——我们并不完全相信——运用抽象推理能力论证上帝存在不仅必要而且意义重大。他指出,一个能够意识到自己创造者的人必然在他的创造者眼中具有独特意义——在我们与他人打交道的时候必须理解这个意义。① 洛克关于人的能力的观点在这里也发挥着作用,人能够抽象地把自我理解为一种不断生成的人,这样的人也许今天犯罪而明日便向上帝忏悔,这样的人认为他自身和与之相似的人都与上帝存在着特殊关联。

　　另一些更加世俗的解释认为,人的语言是理性的关键。乔治·凯特伯(George Kateb)认为语言是人的独特性的基础和理性的关键:"为了使语言成为可能,人的大脑产生了精神,从而形成了语言和计数系统。语言不仅使思维成为可能,而且是大部分思想的中介。"②凯特伯认为,人性的这个方面是独特性平等的基础。"其他物种不能说话,更不用说书写……在自然界中,并不存在语言这样的东西。"③这一点是极其重要的:"语言形成了思维,这对自由能动者和道德能动者以及人

———————

① See Waldron, *God, Locke and Equality*, 78 - 81.

② George Kateb, *Human Dignity* (Harvard University Press, 2011), 138.

③ Ibid., 139.

的崇高地位来说,都具有本质的重要性。"①

很多人认为,与理性能动者有着重要关联的是**实用**(*practical*)理性。很多哲学家认为人具有追溯、辨析原因、并将各种原因联系起来的能力:"一个理性的行动者能够确定最佳行动方案,分析支持或反对这种方案的原因,衡量和评估各种因素,思考并作出选择,采取行动,等等。"②更重要的是,即使不在具体条件下实施这些方案,理性也能够抽象地和普遍地分析各种原因,思考它们的作用。

我们将花一些时间讨论一位实用理性主义理论家,他就是 17 世纪中期的霍布斯。霍布斯描述了人性中的阴暗面。他是一位伟大的人类平等信奉者,但他将平等的基础描述为一种令人恐惧的特征。他认为,我们共同拥有的理性能力不在于爱、语言、偶像崇拜或从事形而上学的能力,而是一种平等的相互**残杀**能力。在《利维坦》(1651)中,霍布斯说:

> 自然使人在身心两方面的能力都十分相等,以致有时某人的体力虽则显然比另一个人强,或是脑力比另一人敏捷;但这一切总和在一起,也不会使人与人之间的差别大到使这人能要求获得人家不能像他一样要求的任何利益,因为就体力而论,最弱的人有足够力量杀死最强的人。③

"最弱的人有足够力量杀死最强的人":这是一个公平竞争的地

---

① George Kateb, *Human Dignity* (Harvard University Press, 2011), 143.

② Richard Arneson, "Equality: Neither Acceptable nor Rejectable," in Steinhoff, *Do All Persons Have Equal Moral Worth?*, 34.

③ Thomas Hobbes, *Leviathan*, ed. Richard Tuck (Cambridge University Press, 1996), 86 – 87 (chap. 13).

方。在另一本书《论公民》中，霍布斯指出，"我们的身体结构是多么的脆弱……即使最弱的人也非常容易杀死最强的人"——我们是多么容易被杀啊。① 他从这一点推论出，任何相信自己力量的人都没有理由认为自己是天生地高于其他人。霍布斯说，"他们是平等的，可以对彼此做同样的事情，但他们也可以平等地对彼此做出最大的事情（即杀戮）。"②他认为，一个人对他人能做的最大的事就是杀死他人，所以人们平等具有杀人的能力，这在本性上彼此对等。③

这种相互残杀的特征很难说明人的尊严，但对于驳斥任何拉什达尔式的非连续性平等却特别有效。比如，这种观点对于反驳人们所说的性别不平等就很有效："有些人认为管辖权只属于男子，原因是男性更优越。但他们的估计是错误的，因为男人与女人在体力和慎虑方面并不总是存在着那样大的差别，以致使这种权利无需通过战争就可以决定。"④任何女人都可以杀害任何男人，所以任何表现出男与女不平等的行为都是不明智的。

乍一看，霍布斯的立场似乎包含了某种连续性平等：我们彼此残杀的能力并没有把我们与其他动物区分开来。但相比熊或狮子等而言，霍布斯意义上的人的特征使人对他的同胞更具威胁——我的意思是狡猾、野心、理性、相互之间的恐惧，等等。这些表明霍布斯更感兴趣的是人的独特性平等。

---

① Thomas Hobbes, *De Cive*: *The English Version*, ed. Howard Warrender (Oxford University Press, 1984), 45 (bk. 1, chap. 3).

② Ibid.

③ 对霍布斯与基本平等之间关联的精彩分析参见 "Equality, Universality, and Impartiality," in Steinhoff, *Do All Persons Have Equal Moral Worth*?, 105–109。

④ Hobbes, *Leviathan*, 139 (chap. 20).

霍布斯关于基本平等的论述听起来非常粗鲁,但事实上,霍布斯主要关注的是和平,这是他政治学的目的。在他的自然法理论中,霍布斯指出了平等的规范性方面,这相当于平等尊重原则。霍布斯说:"因此,我便制定了第九条自然法如下:每一个人都应当承认他人与自己生而平等。"——他在第十七条这样说道——"我主张:每个人承认在本性上彼此对等。"①(或者,用《论公民》中的术语来看,人们应该被"尊重"为是平等的。)②没有人可以高傲地说:"我生来就比你优越。"霍布斯说,如果有人这样说,就是一种骄傲的罪恶。③

第 六 节

但在讨论基本平等时,人们引用的最重要的理性能力不是相互残杀的能力,而是恰好与之完全相反:个体的道德理性能力。我仍将理性作为关键能力,但此时关注的不是理论能力,也不是实用理性,而是**道德**(*moral*)理性。人们不仅能够思考和计算"是什么"和"做什么",而且能够思考**道德上应该**(*morally ought*)怎么做。我们能够分辨什么是好事,虽然我们并不总是在做好事,但我们知道我们能够做好事。这使我们必须面对18世纪伟大的普鲁士哲学家康德在这些问题上的巨大影响。

康德仔细考察了人的所有理性。在阅读《纯粹理性批判》时没有

---

① Hobbes, *Leviathan*, 107 (chap. 15).

② Hobbes, *De Cive*, 68.

③ Hobbes, *Leviathan*, 107 (chap. 15). 在早期的《利维坦》中,霍布斯将骄傲与自负等同起来,并将之理解为危险的原因。(54 [chap. 6]).

人不感受到他对人类理性能力的自豪。虽然理论理性陷入了二律背反,但从另一方面说,为了回应这个二律背反必须限制理性,这本身就是我们理性的产物,这给予了我们认知能力的信心。① 但在康德眼中,人类最重要的事情之一——可能就是最重要的——不仅仅在于从事科学研究和拯救形而上学的能力,而且在于理解和回应道德法则的能力。人们能够提出和回应道德理性,即使这种理性可能会给人们带来不利,也就是说,即使道德行为要求人们限制偏好、利益,甚至是对幸福的追求。康德认为这是一种巨大的与因果律相反的自由——一种独立于"感性世界的规定原因"的行为和思考的能力。②

毫无疑问,康德将这一点视为我提到的人类"独特性"基本平等原则的基础。这使我们与其他生物区分开来,使我们超出了自身的动物性。单纯的动物性并不具备根据这种原则行为的能力。③ 这就是康德在他后期著作《道德形而上学》(1797)中说的:

> 自然系统中的人是一种意义不大的存在者,与其他作为大地产品的动物具有共同的价值……人惟有作为人格来看,亦即作为一种道德实践理性的主体,才超越于一切价格之上;因为作为这样一种人,他不可以仅仅被评价为达成其他人的目的的手段,哪

---

① Immanuel Kant, *Critique of Pure Reason*, ed. Paul Guyer and Allen Wood (Cambridge University Press, 1998), 672 (A795 / B824, 指的是康德《纯粹理性批判》的两个版本中的边码)。

② Immanuel Kant, *Groundwork of the Metaphysics of Morals*, in Gregor, *Practical Philosophy*, 99, 101 (4:452, 455).

③ 参见 Kant, *The Metaphysics of Morals*, 529 (6:400): "没有一个人是完全没有道德感的;因为如果对这种感受完全没有易感性,人在道德上就会死了,而如果(用医生的话说)道德的生命力不再对这种情感造成任何刺激,那么,人性(仿佛是按照化学法则)就会化为纯然的动物性,而且会不可逆转地混杂进大量其他的自然存在者之中。"

怕是达成他自己的目的的手段,而是应当被评价为目的自身,也就是说,他拥有一种尊严(一种绝对的内在价值),借此他迫使所有其他有理性的世间存在者敬重他,与同类的任何其他人媲美,在平等的基础上评价自己。①

如果我们正在追求人类独特的平等,这就是我们找到的答案。康德认为这种道德理性能力非常重要。我们的这种能力改变了关于自身地位的理解,改变了我们与任何人打交道时什么才是至关重要的问题的理解。康德在《实践理性批判》中有一句经典名言。"有两样东西,越是经常持久地对它们进行反复思考,它们就越是使心灵充满常新而日益增长的钦佩和敬畏:我头上的星空和我心中的道德法则。"②天文学意义上的星空"仿佛根除了我作为一个动物性的造物的重要性"。但我的道德自我意识"无限地提升了我作为一个理智的价值",因为我意识到了我的存在的深度并不依赖于我的生物性。这才决定了人的尊严的性质和程度。

在他出版于 1785 年的最著名的道德哲学著作《道德形而上学奠基》中,康德写道:

> 道德性就是一个理性存在者唯有在其下才能是目的自身的那个条件……道德和能够具有的人性是唯一具有尊严的。工作中的技巧和勤奋具有一种市场价格;机智、活跃的想象力和情绪具有一种情感价格;与此相反,出自原理(不是出自本能)的信守

---

① Kant, *The Metaphysics of Morals*, 557 (6:434 - 435).
② Immanuel Kant, *Critique of Practical Reason*, in Gregor, *Practical Philosophy*, 269 - 270 (5:161 - 162).

承诺、仁爱具有一种内在的价值。无论是自然还是艺术,都不包含任何在欠缺这些东西时能够取而代之的东西。①

他继续说道,这种评价使人认识到这种性情的价值是尊严,"并使它无限地超越一切价格;根本不能用价格对这种思维方式进行估量和比较,而不仿佛是损害它的圣洁性"②。

威廉姆斯认为,在康德那里,作为人的价值基础的道德能力并不是自然主义的,而是本体的,超验的。就我们日常生活而言,很难用康德的概念论证普通人世俗平等的基础。③ 因此,问题在于,如果避开康德的形而上学是否可以仍然强调道德能力的重要性? 人们可能很少会讨论与因果律相反的本体意志,讨论更多的可能是运用抽象道德观念限制特殊偏好的能力(即使承认它们来源于同样的感性材料)。理解道德能动行为并不需要康德的形而上学,也不需要根据康德形而上学确证所有人都具有道德行动能力。我不是贬低康德论证的深度,而是说不应该夸大基本平等必须植根于道德能动行为的程度。

第 七 节

从广义上说,康德关于道德理性能力的学说深远地影响了现代平

---

① Kant, *Groundwork*, 84 - 85 (4:434 - 435).

② Ibid. , 85 (4:435).

③ Williams, "The Idea of Equality," 235. Martha Nussbaum, in "Disabled Lives: Who Cares?", *New York Review of Books*, January 11, 2001. 威廉姆斯在另一处表达了同样的观点,他说:"对于康德来说,人的尊严和道德能力(尊严的来源)与自然界完全不同,道德的任务是满足人的需要。但从根本上说,我们是一个分裂的存在物,被分割成理性的存在物和自然的存在物,这个理念始终深深地影响了康德。"

等理论。① 毫不奇怪,罗尔斯的正义理论就延续了这个思路。

罗尔斯是一个平等主义者,这是确定无疑的。我们认为罗尔斯的差别原则、机会平等原则和平等的基本自由都属于表层平等。② 德沃金已经令人信服地指出了,平等已经蕴含在罗尔斯关于"无知之幕"和"原初状态"的契约论思想实验中。③ 所有这些都是平等的理念,都说明了追求平等植根于罗尔斯的著作中。坚持读到罗尔斯长篇大作结尾部分的人会发现有一节的标题是"平等的基础"。我怀疑很少有人仔细阅读过,在这里罗尔斯问道:

> 什么样的存在是受到正义的保护的? 由于人的什么样的特征,才必须按照正义原则对待他们? 我们对于动物的行为不受这些原则调节,或者人们相信这些行为不受正义原则的调节。那么,我们究竟根据何种理由来区别其他生物,又以何种理由认为正义的约束仅限于我们对人的关系呢?④

罗尔斯回答说:"自然的回答可能是,正是⋯⋯有道德的人才有权获得平等的正义。"

罗尔斯的早期著作中就有了这个答案。在 1963 年题为《正义感》

---

① 例如,参见 Elizabeth Anderson, "What Is the Point of Equality?," *Ethics* 109 (1999): 312。

② Rawls, *A Theory of Justice*, 266 - 267. 但对罗尔斯在什么程度上是平等主义者的质疑,参见 G. A. Cohen, *Rescuing Justice and Equality* (Harvard University Press, 2008)。

③ Ronald Dworkin, "Justice and Equality," in *Taking Rights Seriously* (Harvard University Press, 1977), 179 - 183.

④ Rawls, *A Theory of Justice*, 441.

的论文中①,罗尔斯认为拥有正义感对正义的基本权利就足够了。在那篇论文中,他的立场源于什么是正义的概念。"正义和公平的问题是以如下方式产生的:相互之间没有隶属关系的自由人,参与进一个共同的制度中去,并且要在他们之间确立或承认一些规则,这些规则定义着那个共同的制度,并且规定或限制着该制度对收益和负担的分配。"②他们共同推理正义原则,正是因为他们能够进行推理,并且已经进行了这样的推理,所以他们彼此承担正义的义务。当然,这种协商(罗尔斯契约概念的基础)是概念性的,所以这种论证只有在罗尔斯模式之内才有效。在这篇早期论文中,罗尔斯没有解释为什么正义能力对于理解整个正义概念的外在运用就是必要的且充分的。在现实生活中,当 P 实际上没有参与决定他们利益、负担等的规则制定时,为什么 P 的正义感对于他是正义的主体或受益者就已经是必要了的或充分了的? 罗尔斯的答案可能是因为 P 在契约概念中**已经是**(*could have been*)参与者,他实际上已经是(*is*)那个过程所实现的原则的受益者。③ 在《正义论》中,罗尔斯重申了这一点,尽管他承认他没有给出充分论证。④

然而,正义感——"一种希望运用正义原则和按照某种正义原则行为的规范有效性"——对于罗尔斯来说是我们地位和尊严的关

---

① John Rawls, "The Sense of Justice," *Philosophical Review* 72 (1963): 281 - 305,再版于 John Rawls, *Collected Papers*, ed. Sam Freeman (Harvard University Press, 1999), 96 - 116。

② Rawls, "The Sense of Justice," 282.

③ Rawls, "The Sense of Justice," p. 301:"我们是对那些有能力参与进一个原初状态的契约设置中并遵循为人们同意的原则行动的人,负有正义的责任。"

④ Rawls, *A Theory of Justice*, 446.

键。① 请注意这里使用的"**某种**"(*the*)正义的原则。一直到《正义论》的最后，罗尔斯似乎假定我们已经知道了某种正义原则，所以除了罗尔斯给出的作为公平正义的两个原则以外，正义感似乎没有指向任何实际内容。但这并不正确。在罗尔斯的模式中，正义感是进入原初状态进行磋商的入场券，在这个原初状态中，人们最终接受什么样的原则还是一个开放性的问题。所以，正义感必然意味着某种欲求，这种欲求希望运用正义原则和按照正义原则行为，而不管这些最终原则是什么。正义仅仅是一个概念，并不包含任何特定内容。②

第 八 节

所有原则、义务和道德都可能具有片面性。当我们抛开特定义务时——当我们只是过着寻常生活，回应着普通的理由而不是头上的星空或绝对命令的唠叨声时，情况是怎么样的呢？霍布斯嘲笑亚里士多德将高人一等的智慧作为不平等的基础；他说，这正是你对哲学家的期望。③ 我们也可以说，康德的概念正是你从一个道德哲学家那里所期望的。对于锤子而言，所有东西都像是钉子；而对于康德主义者来说，似乎道德判断，我们生活的一部分，才是平等最重要的部分。

---

① Rawls, *A Theory of Justice*, 442.

② 至于这个区别，参见 Ibid., 5。关于正义概念理论困难(对与之相反的概念)的讨论参见 Ronald Dworkin, *Law's Empire* (Harvard University Press, 1986), 73 - 76, and Jeremy Waldron, "The Primacy of Justice," *Legal Theory* 9 (2003): 270 - 271。

③ Hobbes, *Leviathan*, 107 (chap. 15): "亚里士多德在他的《政治学》第一篇中将以下说法当成他学说的基础：人类根据天性来说，有些人更宜于'治人'，这就是较为贤明的一类人(他本人认为自己由于他的哲学就属于这一类人)。另一类人则以'役于人'为宜，这种人就是身体强壮而不属于他那种哲学家之列的人。"

为了回应这个问题,我们可以区分**道德**自主性和**个人**自主性。前者是康德所讨论的能力;后者是指每个人主导自己的生活,反思这个生活过程,思考如何继续生活,等等。我想如果仅仅强调生活中的道德法则,而不强调个人自主性将是非常遗憾的。除了道德能动性以外,每个人都对他或她自己的生活历程有着独特理解——回顾过去,展望未来。谈及个人自主性,映入我们眼帘的总是人们主导自己的生活——用约瑟夫·拉兹(Joseph Raz)的话来说就是成为自己生活的剧作者或者合作者——这不是说被自己的爱好所控制,而是选择自己的爱好。这不是出于道德原因,而是因为他/她想成为某个特定的人。①

一些哲学家将这种个人自主性本身提升为一种严格的道德规范。与约翰·斯图尔特·穆勒一样,他们说人们有责任按照他们自己的内在命运确证自己本真的生活方式。根据穆勒的说法,社会应该为个人发展他们的个性提供有利环境。毕竟,人性不是一架机器,不能按照一个模具铸造出来,它毋宁说像一棵树,需要生长并且从各个方面发展起来,需要根据使它成为一个活体生命的内在力量的倾向去生长与发展。②

我并不想批评穆勒的观点,但他所运用的规范模式与我们的兴趣并不相同。我们寻找的是作为平等基础的属性,而不是通用的道德标

① Joseph Raz, *The Morality of Freedom* (Oxford University Press, 1986), 370.
② John Stuart Mill, *On Liberty*, ed. Currin Shields (Bobbs-Merrill, 1959), 71 (chap. 3):"如果一个人将自身生活计划的选择,全部委诸世人或自己的生活圈子,则无需赋予他任何其他能力,只要有猿猴一般的模仿力就足够了。而自行选择生活计划的人,却需要调动他的所有官能。他必须运用自己的观察力去看,用推理与判断力去预见,用行动力去收集材料作决定,用辨别力去作出裁决,裁决既定之后,犹须用毅力和自制力去坚持深思熟虑后的决定而不致放弃。"

准。我们的兴趣不在于为个体寻找任何特殊的伦理规范,而在于寻找为基本平等、尊严、价值、平等关怀和尊重奠定基础的能力。所以对我们来说,人们或多或少有意识地安排自己的生活,从内心反思生活,并且根据这种反思作出选择,这些就已经足够了。这种能力,这种观点的存在或潜在存在,本身就博得了每个人的敬意。在我们与他人的大多数交往中,它都是至关重要的。这也是道德的一个重要方面,因为它使我们理解为什么其他人值得尊重。(如果没有这些——如果我们仅仅有康德的论述——我们就无法回答穆勒对弗洛伦斯·南丁格尔所说的"我们生在世上是为了帮助别人"的回应。穆勒问道:"那么,其他人生在世上是为了什么?"[1])

在 1971 年的《正义论》中,罗尔斯对作为平等基础的正义感的道德主义作了补充说明,同时阐述道,我们还具有思考和追求我们自身善的能力。在我之前引用的论述中,这两个理念是并列的。罗尔斯问道:"什么样的人应该得到正义的保障?"正如我们所看到的,答案是:"恰恰是有道德的人有权享有平等的正义"[2]。但他接着说:"有道德的人有两个特点。第一是有能力获得一种关于他们的善观念,第二是有能力获得一种正义感。"[3]只有将这两个方面结合起来才有意义,正义与人们追求自己的利益和自身的善有关。我们想要建立的,是能公平地对待这些利益的社会。正如罗尔斯在《政治自由主义》中所说的那样,必须用合理化补充理性:"纯粹理性的行为主体可能没有任何他们

---

[1] 我一直没能找到这篇文章的引文。
[2] Rawls, *A Theory of Justice*, 442.
[3] Ibid.

想通过公平合作来发展的他们自己的目的。"①为此,人们除了应具有公平的道德观念以外,还必须具有自己的利益,对自己利益的理解和追求必须与平等的权利不可分离。②

康德同样对与道德自主性相反的个人自主性感兴趣。在1783年题目有些笨拙的论文《论通常的说法:这在理论上可能是正确的,但在实践上是行不通的》中,康德缓和了严苛的道德主义。他说:"没有人能强制我按照他的幸福观来幸福。"③他继续说道:"每个人都可以用他认为好的方式追求自己的幸福,只要他不侵犯其他人争取相同目标的自由,而该目标可以根据可能的普遍规律与每个人的自由共存。"④对于受到康德道德哲学滋养的人来说,这听起来太宽宏大量了。根据人们通常对康德的理解,自主性和追求幸福属于完全不同的领域。在《道德形而上学奠基》中,康德将自主性与不受本性或爱好限制、只根据普遍形式规定自身的意志能力联系起来。⑤ 相比之下,幸福被认为与需求和爱好有关,因此它必须被视为"对所有职责命令的有力平衡"⑥。康德说,只有当我超越对幸福的任何关注,纯粹为了道德法则本身而遵循它时,我才会成为一个自主的存在。在这种背景下,他如

---

① John Rawls, *Political Liberalism* (Columbia University Press, 1996), 52.

② Ibid. 在1963年的文章中,罗尔斯只讨论了道德因素。在1963年到1971年之间,他增加了个人自主的因素。

③ Immanuel Kant, *On the Common Saying:That May Be Correct in Theory,But It Is of No Use in Practice*, in Gregor, *Practical Philosophy*, 290 (8:290).

④ Ibid., 290 (8:290 - 291).

⑤ 参见 Kant, *Groundwork*, 83 (4:433ff)。自律是"道德的最高原则",道德"直接反对将幸福作为意志的决定性基础"。也可参见 Kant, *Critique of Practical Reason*, 168 (5:25)。

⑥ 参见 Kant, *Groundwork*, 50 (4:405)。

此看重追求个人幸福就更加引人注目了。从另一方面说,康德的确谈到了个人为自己设定的目标,但事实上这些不可能只是道德目标,因为康德道德的一部分包括尊重作为目标设定者的人。在某种意义上,这些目标必须独立于道德考虑之外(尽管受到道德的约束)——选定这些目标仍然赢得道德尊重。①

与穆勒关于本真性的论述一样,康德对于自主性的论证并不是为平等或尊严提供基础。在论文《理论与实践》中,康德认为,作为政治哲学原则的个人自主性限制了国家行为的范围。他说独立追求幸福是"唯一的、源始的、每个人凭借自己的人性应当获得的法权"②,并且认为任何限制这种权利的政府就犯下了"可能想象的最大的专制主义"罪恶。③ 但他是否像论述道德能力那样,也将自主性视为人的尊严的一个要素则不太清楚。可能对于论述人的尊严的道德理论来说,自主性并不那么重要,但这对于康德政治哲学来说却特别重要:这关系到外在自由和独立性的价值,这是康德《权利科学》(《道德形而上学的》政治部分)的建构性原则。这对于康德的平等的消极自由原则非

① 参见 Andrews Reath, "Setting Ends through Reason," in *Spheres of Reason*, ed. Simon Robertson (Oxford University Press, 2009), 199 - 220。
② Kant, *The Metaphysics of Morals*, 393 (6:237). 康德认为这是构建联邦的"自由原则"的第一部分。(第二部分是我们熟悉的条款:"每一个人都可以按照自己所认为是美好的途径去追求自己的幸福,只要他不伤害别人也根据可能的普遍法则而能与每个人的自由相共处的那种追求类似目的的自由。")
③ Kant, *On the Common Saying*, 291 (8:291).

常关键。① 同时,要想证明康德的道德自主性与个人自主性之间存在着决定性差别也相当困难。②

我们可能会明白个人自主性对于平等的基础特别重要。平等理论包含着我们对于自身关注的普遍化或向外部世界的投射。我按照自己的规划和对于善的理解投入自己的生活,并且我们可以推而广之,与我一样,其他人也如此投入自己的生活。很多时候,我们可能仅仅根据是否有利于我们自身来理解他人的行为,但当我认识到其他人同样有着对于世界、对于我的行为、对于自身生活方式的反思性理解时,我开始将他人视为我们的对等者。我认识到,与我一样,他们根据自身的条件确证着他们的行为,最大限度地实现他们的目的,而不仅仅是成为实现别人意志的工具。③ 他们与我相类似的方面可以帮助我认识到他们的重要性。威廉姆斯将这种确证与“从人的视角看待人”相关联,与其说认可某些特定生活方式的生活——这种生活可能对我或我的社区有帮助,也可能没有帮助——不如说认识到人类的本质目标是按自己的方式生活。

---

① Kant,*The Metaphysics of Morals*,393 - 394 (6:237 - 238). 在康德哲学的这一部分,看似消极的自由并不是道德自律,而是人们以自己的方式过自己的生活的能力。关于独立性在康德哲学中的重要作用的讨论参见 Arthur Ripstein,*Force and Freedom*:*Kant's Legal and Political Philosophy* (Harvard University Press,2009),30 - 56。

② 请参见 Jeremy Waldron,"Moral Autonomy and Personal Autonomy," in *Autonomy and the Challenges to Liberalism*:*New Essays*, ed. John Christman and Joel Anderson (Cambridge University Press 2005),307 - 329。

③ 这句话和下一句改写自 Williams,"The Idea of Equality," 234。

第 九 节

所以,人的一系列特征可能直接或间接地带来基本平等、人的尊严和价值。这些特征属性使我们确信应该平等对待彼此。这些特征还没有穷尽所有可能性,我可以提示一下其他可能性。自由意志就是其一,我指的是我们在众多可能性中进行选择,根据自己的决定创造世界的能力;阿伦特关于"创生"的论述是其二①;爱上帝和事奉上帝的渴望是其三。我本讲的目的主要是揭示一系列可能性,而不是在这些可能性中进行选择。

让我们回忆一下我在第一节结尾处所说的,我所列出的这些属性都是或几乎都是一些能力——顺便说一句——这是我在这些演讲的最后部分(第六讲)讨论缺陷者问题的原因。显然,对这些作为基本平等基础的能力的强调与阿马蒂亚·森和玛莎·努斯鲍姆最近关于正义能力的讨论具有一些相似性。② 但我没有像森和努斯鲍姆那样将能力视为正义的通币(currency);我仅仅挑选了一些能力作为平等尊严的基础,作为有权要求被平等地视作正义的主体、受益者和回应者

---

① Hannah Arendt, "What Is Freedom?", in *Between Past and Future: Six Exercises in Political Thought* (Viking Press, 1961), 169. 相关讨论参见 Jeremy Waldron, "Arendt on the Foundations of Equality," in *Politics in Dark Times: Encounters with Hannah Arendt*, ed. Seyla Benhabib et al. (Cambridge University Press, 2010), 17‐38. 在第二讲第五节也有讨论。

② 参见 Amartya Sen, *Inequality Re-examined* (Oxford University Press, 1992), 以及 *The Quality of Life*, ed. Martha Nussbaum and Amartya Sen (Oxford University Press, 1993)。也可参见 Martha Nussbaum, *Women and Human Development: The Capabilities Approach* (Cambridge University Press, 2000)。

的基础,而他们出于他们的目的,调用了更多能力。①

此外,我提到的很多能力也是复杂的:道德能动性就不简单,同样,个人自主性也不简单。这些能力完全可能是相互关联的。我们现在的任务不是在它们之间作出选择。我将在第四讲和第五讲中讨论这些主题——复杂性和相互关联性——所以,任务仍很艰巨。

第 十 节

但我敢肯定,你们一定在等我指出我所列出的候选属性的最重要特征是什么?出于平等主义的目的,它们最令人不安的特征是什么?也就是说,这些都是人类似乎**在不同程度上**拥有的能力。

我提到了我们都具有感知情感的能力,但人们感知情感的方式和程度并不相同,一些人甚至不具有爱的能力。我强调了理性,但我们知道人们的理智水平和洞察力也存在着很大差别。正如约翰·孔斯(John Coons)和帕特里克·布伦南(Patrick Brennan)所说的,"我们每个人这种关键善的禀赋在程度上有很大差别。有些人的理智能力比较强,因此备受尊重,而有些人的能力相对弱些,获得的认可就可能少点。"②我提到了道德品质,但人们接受道德教育的程度和道德品质的坚毅程度并不相同,对于道德价值和道德原则的熟悉程度也不相同,更不用说个人道德生活的差别了。我提到了个人自主性和自主安排自己的生活,但不仅人们的具体生活不同,而且长期积累

---

① 对于这两种目的的内在关联的精彩讨论参见 Martha Nussbaum, *Frontiers of Justice：Disability, Nationality, Species Membership* (Harvard University Press, 2006)。
② Coons and Brennan, *By Nature Equal*, 41.

所形成的生活方式也不同。有些人可能不断地改变主意,有些人则勾画出整个人生计划的远景。

这些都是不同维度上的程度差异,只要承认这种差异,我们就不得不问:平等怎么可能建立在这样一个可变的基础上? 曾在西点军校教授哲学的路易斯·波伊曼(Louis Pojman)直言不讳地说:

> 如果理性真的是使我们有价值的唯一因素,那么理性越多越好……如果我们希求善的能力是赋予我们价值的能力,那么似乎有些人比其他人更有价值……有些人必须努力克服重重困难才能实现对善的希求,有些人觉得这相对容易,还有一些人不仅要履行职责,而且要做利他或超出职责之外的行为。所以我们的价值不是相等的,而是截然不同的。难道我们不应该按照我们行善的能力得到相应的对待吗?①

这个批评很常见,用杰克·沙尔(Jack Schaar)的话来说就是:"事实上,人们之间任何品质或特征的不平等都显而易见且不可消除。"②

我们必须回应这个挑战。这些被检验和测量的能力都具有可变性,为了规避这一点,我们是不是该求助于某种不可测量的统一的和单一的东西呢,比如灵魂?③ 在 2008 年的《生而平等:圣经如何与古典政治思想决裂?》一书中,约书亚·伯曼(Joshua Berman)指出,只要我们依赖经验或自然属性,那么程度差别问题就一定会出现。所以,他

---

① Louis Pojman, "A Critique of Contemporary Egalitarianism: A Christian Perspective," *Faith and Philosophy* 8 (1991): 484.

② John H. Schaar, "Some Ways of Thinking about Equality," *Journal of Politics* 26 (1964): 867.

③ 相关问题讨论参见 Coons and Brennan, *By Nature Equal*, 43.

认为,我们应该避开经验属性,转而关注我们本性中一些超验方面,从而为人类平等奠定基础。[①] 在我看来,这种方法也不能解决问题。事实上,很多宗教属性也存在着程度上的差别。如果我说,所有人都是按照上帝形象被创造的,我不能否认这个形象在有些人身上比其他人显得更加模糊。[②] 你们将在第五讲中看到,我并不是要反对平等的宗教论证,但我认为转向宗教论证并不是因为我们不敢面对作为价值基础的各种经验能力的程度差别问题。

问题是面对这种可变性,我们还能说些什么呢? 也许我们不需要确切的身份。平等必须建立在人类拥有某种完全平等的特征的基础上,这种观点源于对亚里士多德比例模型的过度使用。亚里士多德认为,分配正义可以被解读为平等,因为正义要求每个人的德行和每个人对善的分配比例相等。[③] 由此可以推断,如果要让人们平等地分配任何东西,那么他们的德行就必须完全相等,否则比例就会不平等。但是,即使这在某些特定德行的情况下对分配正义的表面原则有意义,也没有理由认为这是处理我们的**基本**平等议题的合理基础。

或者我们可以从另一方面引入亚里士多德的格言:过高地要求比例的精确程度可能并不正确。[④] 也许我们需要的只是人们之间大致的相似性。本着这种精神,牛津大学教育系哲学家约翰·威尔逊(John Wilson)在 20 世纪 60 年代写道:

---

① Joshua Berman, *Created Equal*: *How the Bible Broke with Ancient Political Thought* (Oxford University Press, 2008), 168.

② 我在第五讲第四节再讨论这一点。

③ 参见 Aristotle, *Nicomachean Ethics*, trans. W. D. Ross (Oxford University Press, 1954), 113 (bk. 5, chap. 3, 1131a):"公正就是比例,就是比例的比值相等。"

④ Ibid., 2-3 (bk. 1, chap. 3, 1094b).

我们不应该过分强调我们的相似性标准。如果我们足够努力,我们总是能够发现一些差别……两条线可能同样长:但如果以微毫米作为衡量标准,我们会发现另一条更长……这就导致了一个悖论:没有什么东西真正与其他东西相同……平等主义者可能会说他想要说的是人们之间存在着相似性,而不是所有人都在同等程度上拥有某种特性。①

这种说法有用吗?不幸的是,我们讨论的并不是细微差别。困扰我们的差别也不是无关紧要的或琐碎的。这里可能存在着天壤之别:有人能够规训自己、明确地和充分地运用理性,而另一些人则可能思想散漫、任性、没有任何反思批判能力;在与他人交往过程中,有人可能竭尽所能公平处事,而有些人就像我们知道的许多人那样对正义毫无兴趣。如果我们认为理性或罗尔斯意义上的正义感是平等的基础,为什么我们不重视上述差别呢?事实上这些差别非常重要,也绝不是琐碎的或细微的。所以,问题是,为什么我们不认为这些不可否认的差别与人的价值规定性相关呢?

我们是否可以抛弃这些差别,寻找某种单一的属性,这些属性以一种要么全有或要么全无的方式适用于所有人?我不知道。我们或许可以将某些心理属性,比如意识或主观思想,作为要么全有或要么全无的特征,并且公平地说所有人当然具有这种特征,也许一些非人类也有。②但正如孔斯和布伦南所说的那样,基于仅仅拥有(或缺乏)这样一个单

---

① John Wilson, *Equality* (Harcourt Brace, 1967), 81–82.
② George Sher, "Why We Are Moral Equals," in Steinhoff, *Do All Persons Have Equal Moral Worth?*, 26.

一属性的平等,"通常没有什么重要性,而且大多数,确实是微不足道的"①。拥有这些属性的人通常非常强调这种差别,有时甚至故意炫耀拥有这种属性,或者由此区分占有这种属性的人和缺乏这种属性的人。对此,约翰·威尔逊回应说,"有些人的确比其他人更加容易感知痛苦,但平等主义者可能仅仅强调所有人,平等地,(这个逗号非常重要)能够感知痛苦,或者说一个人和其他人**一样**(*just as*)能够感知痛苦,而不是说与其他人感知痛苦的**程度是一样的**(*just as much as*)。"②

威尔逊解决问题的方式提醒我们那些不可量化的特征也是复杂的。我想他的观点是对的,我们需要进一步解释这种复杂性。

第十一节

我在之前已经提到,在《正义论》结尾部分论"平等的基础"中,罗尔斯提出了解决程度问题的策略。我们已经知道,罗尔斯是根据道德人格特征建构基本平等的,但他同样面临我们所思考的问题。他写道:"人们可能反驳说,平等不可能建立在自然特性的基础之上。没有一种这样的自然特性:因它之故所有的人都是平等的,就是说,因它之故,人人都具有……同等程度的平等。"③

罗尔斯的回答是:"把平等置于自然能力之上不会和一种平等主义观点相悖。我们必须做的是选择一种**范围属性**(*range property*)

---

① 参见 Coons and Brennan, *By Nature Equal*, 11。关于全有或全无属性所带来的理论困难和两难境地的精彩讨论参见 Arneson, "Equality," 40–49。
② Wilson, *Equality*, 83;强调和插补出自原文。
③ Rawls, *A Theory of Justice*, 444.

(我想这样说)并给满足它的条件的人们以平等的正义。"①"范围属性"的意思是什么？罗尔斯的描述并不清楚(至少对我来说是这样的)，"例如，在一个单位圆之内存在的性质是一个平面内的许多点的一个范围性质。这个圆内所有的点都具有这种性质，虽然它们的坐标在一定范围内变化。它们平等地具有这种性质，因为在一个圆之内，没有一个点比其他的点更内在于这个圆。"②我猜想"在一个单位圆之内存在的性质"这个术语一定包含了某些复杂的数学理论，但我不是很确定。为了这理解这一点，我在 JSTOR 进行了检索。我找到了对罗尔斯该术语的 20 处引用，但没有一个引用解释什么是"在一个单位圆之内存在的性质"。我在其他 70 篇文献中找到了这个术语，但这些论文的题目是"关于无界算子的代数的推导"(Derivations on Algebras of Unbounded Operators)和"对拟凸域的超对数性评估"(Superlogarithmatic Estimates on Preudoconvex Domains)等。据我观察，它们都假定了读者已经了解范围属性、单位圆和类似生成集这样的技术概念。在谷歌上搜索"范围属性"时，我找到了一大堆关于山区房地产的信息("家，山上的家……")。

但我相信我们可以简单处理这个概念。罗尔斯的概念包含了两种相关属性的关系。其一是以一种二元论方式(或者占有，或者不占有)发挥作用的属性 R，其二则是具有程度差别的标量属性 S。如果根据是否在 S 所标量的特定范围内判断是否具有 R 属性，那么我们就可以说 R 是一种具有 S 的范围属性。在一个简单案例中，R 相当于是一

---

① Rawls, *A Theory of Justice*；黑体字强调是我所加。
② Rawls, *A Theory of Justice*.

个阈值。如果在标量上属于 S 范围,你就有属性 R。这个范围也可能有特定的最高限值,也可能具有更复杂的两维或者若干维度。

让我们思考一下地处苏格兰(*being in Scotland*)的属性。假设一个小镇的某种特征从属于苏格兰,而不是英格兰——我指的是司法管辖权问题。现在司法问题是根据属地原则实施的,地理位置则存在着坐标和差别。从地理上看,我想斯特灵或多或少位于苏格兰的中央区,而边陲小镇格雷特纳格林则处在英格兰的边界上。但从法律上来看,斯特灵和格雷特纳格林都**平等地在苏格兰**(*equally in Scotland*)范围之内,即使它们的地理位置存在着差别。地处苏格兰就是范围属性。

举一个美国的例子,想想俄亥俄州。哥伦布市差不多正好位于该州的中心。辛辛那提市位于其南部边境,与肯塔基州隔俄亥俄河相望。但从管辖权的角度来看,哥伦布和辛辛那提市**同属于俄亥俄州**。尽管美国的州管辖权是一个地理问题,但这两个城市之间地理位置的差异并不重要。

我想这就是罗尔斯模式的含义。问题是,就那些作为基本平等基础的能力而言,我们是否可以用这个模式来取代对坐标地理差异的关注。如果说斯特灵和格雷特纳格林(或者哥伦比亚与辛辛那提)的地区差别被法律平等所取代了,我们是否可以同样不再关心理智水平的差别或道德决定能力的差别,而仅仅关注基本理性能力或道德能力的范围呢?罗尔斯可能认为这个模式已经清楚明白①,自 1971 年以来还

---

① Rawls, *A Theory of Justice*, 445:"那么,说把平等置于自然特性*之上*会破坏平等的正义的基础怎么会显得有道理呢?范围属性的概念太明显了,不容忽视。"

很少有像我们这样认真讨论。[1] 但实际上还有许多问题值得讨论。仅仅引入和界定范围属性概念还是不够的。我们不应该被我们好像都很熟悉这个概念（像现在这样）蒙蔽了双眼，如何在我们感兴趣的领域运用这个概念是一种挑战。

第十二节

范围属性概念对于我们这些平等主义者来说绝对有用。比如，霍布斯的概念就包含了一种范围属性。这里的标量属性是"身体的强壮程度"，对于每个人 P 来说，范围属性就是其他人都具有不受限制地给 P 带来致命危险的属性。[2] 当我看到周围的动物时，我可能会根据它们的身体强度等级来给它们排序。但是，关于这个等级范围（根据霍布斯的说法），让我特别感兴趣的是某个个体对我的生命构成不可忽视的威胁的界限值。在霍布斯的观点中，所有的人都在这一阈值之

---

[1] 关于罗尔斯"范围属性"概念的讨论参见以下著作和论文：D. A. Lloyd Thomas, "Equality within the Limits of Reason Alone," *Mind* 88 (1979): 549; Daniel Wikler, "Paternalism and the Mildly Retarded," *Philosophy and Public Affairs* 8 (1979): 384; Michael Gorr, "Rawls on Natural Inequality," *Philosophical Quarterly* 33 (1983): 11 - 16; Bailey H. Kuklin, "The Asymmetrical Conditions of Legal Responsibility in the Marketplace," *University of Miami Law Review* 44 (1990): 258n; and Coons and Brennan, *By Nature Equal*, 32 - 33. 最近相关讨论的论文收录在 Steinhoff, *Do All Persons Have Equal Moral Worth?*, by Sher, Arneson, and Steinhoff himself。相关讨论也可参见 Nicholas Mark Smith, *Basic Equality and Discrimination: Reconciling Theory and Law* (Ashgate, 2011), 30 - 35。

[2] "霍布斯首次使用了'范围属性'，因为人们既存在差异，也存在相似性，这取决于人们想要什么。"参见：Coons and Brennan, *By Nature Equal*, 102. "Hobbes has invented the first 'range property' whereby men are simultaneously different and the same depending upon how one wants it."

上,而人类平等的某些特定理论——比如提出女性与男性不平等——可能会被驳倒,因为所有假定的不平等也都在这一阈值之上。"通常人们所认为的男人与女人之间的差别实际上并没有那么大……因为……即使最柔弱的人也有足够力气杀死最强壮的人。"①我们在这里不仅看到了支撑霍布斯平等理论的范围属性,而且激发了我们寻找范围属性的兴趣。这里非常关键的是我们需要解释为什么我们关注的是范围属性,而不是标量差别。就像伊恩·卡特(Ian Carter)所说的那样:"人们需要给出关注范围属性的一些独特的道德原因。"②对于霍布斯来说,必须关注致命威胁而不是身体的强度,这就是人们对于暴死的恐惧——根据《利维坦》的说法就是"免于暴死"。③

有时,一项能力的相关范围是通过指定在独特的人类生活中必须执行的特定任务来界定的,无论一个人能或不能完成什么其他任务。例如,在洛克的理论中,我们平等的基础不是普遍理性,而是一种非常特殊的理性能力,即通过抽象思维认识上帝的能力。一个哲学家做这件事时可能非常老练,但一个普通人也能做得同样好。即使人类的智力差异很大,但对每个人来说,"这仍然确保了他们的重大关切,即他们拥有足够的光来引导他们认识自己的创造者,并看到他们自己的职责……我们心中的蜡烛,足够明亮地照耀着我们所有的目标"④。一个人是否能够知道自己有一个创造者,这就定义了一个门槛,在洛克看

---

① Hobbes, *Leviathan*, 86 – 87 (chap. 13).

② Ian Carter, "Respect and the Basis of Equality," *Ethics* 121 (2011): 550.

③ Hobbes, *Leviathan*, 70 (chap. 11).

④ Locke, *An Essay Concerning Human Understanding*, introduction, 45. 请参见前面
第五节。

来,这个门槛比这条界线之上的任何智力差异都要重要得多。正如我在别处所论证的那样,洛克致力于人类智力的"民主"概念,部分是基于这个基础。①

我们同样可以发现范围属性如何在人的自主性领域发挥作用。人们自主安排自己的方式或自主性程度可能存在差别,对于某些目标而言,这种差别可能特别重要。但这并不能影响我们对他们自主性的尊重,也不能改变制定政策时必须思考他们的处境。上流社会中每个罗尔斯主义的精英分子都能够制定系统的教育和投资规划,年复一年地遵守这个规划。这可能与一个穷人对人的自主性的嘲讽有着天壤之别,因为那些穷人们可能还受限于生存需要之困。但正如托马斯·雷恩巴勒上校(Colonel Thomas Rainsborough)在著名的1647年普特尼辩论中指出的那样,"最贫穷的与最富有的英国男人有同样的生存权利"②。每个人,无论受到多大限制,无论多么不善言辞,都能够根据自己的想法"展望未来,一直做某种生活方式的主人",这种生活方式无疑充满回忆、计划、恐惧、期盼和希望。③

让我们再看看道德能力。在罗尔斯的模型中,个人自主性与正义感关联在一起。证明范围属性的第一步是指出,其对道德人格能力的要求"完全不是严格的"。按照罗尔斯的说法,这只是一种"本质上的最小值"④。罗尔斯认为,超出这种"本质的最小值"标量上的差别,对

① Waldron, *God*, *Locke and Equality*, 83 - 107.
② "摘自1647年10月29日普特尼全军会议中的辩论",参见 Sharp, *The English Levellers*, 103。
③ 这些短语受惠于谢尔(Sher),参见 Sher, "Why We Are Moral Equals," 23。
④ Rawls, *A Theory of Justice*, 505.

于其他目的而言可能是重要的，但对于正义和尊重的基础并不重要。"当然有些人比其他人更具有正义感。这些人可以被适当地安排在特别适合司法美德的职位上……但假如某种最小值的要求已经得到实现，这种特殊的天赋就不能成为划分公民身份等级的基础。在宪政民主中，最小值本身就足以成为平等公民身份的基础。"①

我将（像罗尔斯一样）搁置——但只是暂时不提——关于我们之间在严重缺陷背景下的巨大差异的问题，范围属性概念很难处理这个挑战。在罗尔斯看来，"假如某个人生来就缺乏或由于意外缺乏必要的潜能，这叫作缺陷或剥夺。没有哪一个民族或公认的人类群体缺少这种属性。仅仅离群索居的个体才没有这种能力，或不能在最低程度上实现这种能力，而没能实现这种能力是不公正的、贫困的社会环境或偶然性的结果。"②

这是罗尔斯关于严重缺陷者的所有讨论（另外还有一些关于儿童的讨论），我将在第六讲中力求作更多更好的讨论。现在我们必须理解罗尔斯的模式主要适合"正常"范围内的道德能力。

此外，他的论证还有一点没有充分展开。罗尔斯说，"没有什么超出本质的最小值的要求"③。但他没有解释这个"本质性"概念，也没有解释什么是这个"最小值"，也就是没有论证为什么我们可以将相关范围拓展到正常人道德能力的底端。范围属性自身不能给出解释。他最接近的解释是他们既能在原初状态中捍卫自己的利益，又能尊重他人的利益。

康德广泛讨论了他所依赖的属性的"范围性"（rangishness）（尽管

---

① Rawls, "The Sense of Justice," 301 - 302. 我将在第四讲讨论最小值的判断问题。
② Rawls, *A Theory of Justice*, 506.
③ Ibid., 442.

他没有使用这个术语）。对于康德来说，相关的特质就是，即使与偏好相冲突，人们也具有构建、理解和回应道德原因的能力。我们并不总是这么做，但我们总是具有这么做的能力。康德说："遵守道德的定言命令，这任何时候都在每个人的控制之中。"①这与理论理性形成了鲜明对比："因为在道德领域里，人类理性甚至在最普通的知性那里也能够轻而易举地达到高度的正确性和详尽性"，而理论理性具有较高要求。② 道德范围不仅包括康德这样的精英人士的道德能力，而且包含普通人朴素的顾忌③，甚至是"最大胆的恶徒"不安的良知。④ 即使是一个"八九岁的孩子"，如果被问及将自己受托的钱财据为己有是否合适，无疑也会作出否定的回答。这种能力的范围包括好与坏、自知与自欺、小心谨慎与肆无忌惮、有道德修养与无道德修养。人类显示自己具有这些道德能力，即使他们不一定能用语言表达出来，或用康德哲学家的语言表达出来。⑤

---

① Kant, *Critique of Practical Reason*, 169 (5：36).

② Kant, *Groundwork*, preface, 47 (4：391).

③ Kant, *Critique of Practical Reason*, 210 (5：88).

④ Ibid., 204 (5：80)："而实践理性的声音甚至使最大胆的恶徒也感到战栗，并迫使他躲避这法则的目光一样。"

⑤ Kant, *On the Common Saying*, 288 (8：286).（康德的原文是："假设有这样一种情形：某个人的手里有着别人寄托的一笔财产，财产所有人已经去世，而其继承人对此一无所知，也不可能有所知悉。即使我们把这种情形向一个八九岁的小孩子提出来；并且同时，这笔财产的受托人自己的经济情况——不是由于他自己的过错——恰好在这时候陷入了完全破产，他看到自己面前是一个妻儿贫困、悲惨不堪的家庭，而只有他占有这笔委托品，就可以立即把自己从这种困境里解救出来；同时他又是仁慈而行善的，但那个继承人却是为富不仁并且极度挥霍浪费，乃至于把这笔财富对他的补充就是抛到大海里去也不会更坏些。如果我们问，在这种情况下是不是可以允许把这笔财富拿来给自己使用。毫无疑问，提问人所得到的回答将是：不行。"见康德：《历史理性批判》，何兆武译，商务印书馆1990年版，第189—190页。——译者注）

这并不是说人们之间的道德差别不重要。正如康德所说："在一个卑微的普通人面前,我在他身上感受到了比我自己更正直的品格,无论我是否愿意,**我的精神都要鞠躬**。"①这并不与我的基本平等原则相冲突,意识到这种差别的重要性主要体现在,其证明了一个正直的人和我——因为我的自大和愚蠢——从根本上说是彼此对等的。因此康德马上说道:"他的榜样给我出示了一条法则,当我把它与我的举止相比较,并亲眼看到事实证明了对这条法则的遵循,从而证明了这条法则的**可行性**(*practicability*)时,它就击败了我的自大。"②我将在第四讲中讨论能力与其运用的关系。我现在关注的是康德的范围属性,而不是这种能力的运用和实现。道德能力的存在和与因果律相反的可能性,存在于每个人的意志之中,使我们成为独特的存在物,赋予我们以独特的价值和尊严。这里形而上学的重要意义在于要求给予人们最高贵的尊严,其在所有人身上的具体运用倒是次要的。

这些都还只是一些案例。但我相信它们表明,面对人的特性和能力差别对平等价值和平等尊严的基础带来的挑战,罗尔斯的范围属性的确是一个有价值的策略。

第十三节

关于范围属性还有很多问题值得一讲,我将在第四讲中继续讨论。但在结束本讲前,我们还需要处理一个问题。我已经列出了一系

---

① Kant, *Critique of Practical Reason*, 202 (5:76－77);强调出自原文。

② Kant, *Critique of Practical Reason*, 202 (5:77);强调出自原文。

列可能的属性和能力作为基本平等的"主导属性"。① 我们应该选择哪个呢？理查德·阿内逊（Richard Arneson）曾问道，"你将要关注哪种能力？"②我已经讨论了理性（实践理性和理论理性），讨论了感知痛苦的能力，爱的能力，自主安排生活的能力，自我设定目的的能力，回应道德原则的能力，区分对错和根据这种区分采取行动的能力。我们应该优先选择哪种能力呢？

虽然我本讲的目的主要是解释这些能力，但思考这个问题还是有价值的。我的答案是：我们并不需要做出选择。一方面，几乎所有这些提到的属性（能力）本身都很复杂。它们大多数是人的能力，这些能力包含着多种技能、特征和属性。另一方面，没有理由说基本平等必须取决于某种单一的范围属性。我们可能需要寻找的是对平等的复杂论证——一系列范围属性，它们相互交织和相互补充在一起。罗尔斯的《正义论》和威廉姆斯在《平等的理念》中更简洁的论证提醒我们，我们应该关注多种能力。人们自主安排着自己的道德生活，主导着自己的个人生活，充分运用理性安排自己的生活方式。这些属性、能力以一种复合的方式和叙事的方式交织在一起。它们相互补充，相互支撑，共同确证了什么对人来说是重要的。我希望在讨论下一讲时，我们应该记住这一点。

---

① "主导属性"这个术语取自 Coons and Brennan, *By Nature Equal*, 39。
② Arneson, "Equality," 33.

第四讲　力量与闪烁

基本平等原则还有很多问题值得讨论,不管我们已经对作为基础的范围属性有多少讨论,我们的目的主要为了理解这个原则。在本讲座中,我将再次集中讨论范围属性概念,进一步明确讨论范围属性本身与范围属性试图取代的特定标量差别的不同作用。

我们知道可以根据与标量属性 S 的关系来界定某个给定范围属性 R。比如,以理性作为平等的基础可以根据一定程度或等级的理智水平来加以界定。作为平等基础的道德能动性可以被定义为与道德鉴别力、思考能力、行为能力这些可衡量或可分级的能力相关。在每一个具体案例中,如果某个标量属于 S 范围内才可以界定为具有 R 属性:如果标量在理性范围就可以视为具有平等的理性;如果标量在道德能力范围内就可以视为具有道德能动性。我认为使用范围属性,完全抹杀标量属性的明显差别也是错误的。R 有其自身功能——非常繁重的任务,这需要加以讨论,但 S 也是如此。理解范围属性在一定程度上就是在认识 R 属性与在 R 属性所包含的 S 属性部分内作出特定判断之间的来回反复。这就是一种在 R 与 S 之间的来回**闪烁**(*scintillatiion*)。

除了"闪烁"这个词以外,这听起来显得像是抽象的代数学。但如果我们关注一些道德案例——比如康德或罗尔斯关于人类平等的理论——我们将很清楚地看到发生了什么。根据人的行为正确与否和德性的好坏作出道德判断非常重要,任何平等理论都不能忽视或贬低这一点。同时,重要的是承认人——无论是好人还是坏人——都是道德能动性的主体,并坚信这一事实的重要性。在许多情况下,这一重要性对道德表现的变化并不敏感。基本权利、基本道德关怀、基本尊重、人的价值、人的尊严——康德和罗尔斯理论所讨论的——这些常量是道德能动者所共同拥有的。

在本讲座中,我将重温基本平等在道德领域中的特殊功能,只有作为基础的范围属性才能承担起理解这种特殊功能的重任。我将论证,尽管理解相关范围属性所承担的重任非常重要,尽管理解基本平等的道德功能非常重要,但同时不能低估或忽视其他道德要求和任务。

在下面的讨论中,请首先记住,在第三讲中所分析的范围属性都不仅仅是一些特性,而且是一些能力(各种思维、选择、情感和行为能力)。同样请记住,我们讨论的可能是一系列复杂的范围属性,可能是一系列相互关联的能力,它们相互补充,相互作用,随着时间推移而不断发展。为了方便起见,我有时仅仅使用平淡的"范围属性"这个概念,好像仅仅指的是某个单一特性。有时为了方便起见,我将使用 R 来替代。在适当的时候,请各位注意这个指代的复杂内涵。

第 一 节

我将从范围属性这个概念出发,我们如何理解这个概念,如何确定它的范围呢?

当我们感兴趣的是特定标量**是否**位于给定范围 S 内,而不是它在这个范围中的**精确位置**时,我们使用范围属性 R 这个术语。在一些常规情况下,我们通过约定确定范围属性。在第三讲中所提到的司法案例中,我们可以在地图上简单地画一条分界线,或者借用一些传统的分界线——例如,在英格兰与苏格兰之间,在俄亥俄州与肯塔基州之间——来确定范围属性。但在人的平等领域,范围属性主要是为了用来理解人的价值、平等关怀与尊重、人的尊严等。这就不是一个简单任意约定的问题。

在某种意义上,范围属性相当于确定事物的标记——打个比方说,在自然的关节点上塑造自然,确定在恰当的地方,而不是不恰当的地方划线。① 我们坚持某种连续性,反对某些非连续性——拉什达尔式的非连续性;另一些人支持或赞同某些非连续性,比如人与其他动物之间的非连续性。我们该如何面对这些问题呢? 我们该如何确定范围属性的边界,理解这些边界线呢? 这些具体划界包含了什么? 如果这是一个阈值属性,我们如何确定这个阈值? 或者如何计算这个阈值? 在进行这些计算时,我们应该对什么作出回应。

---

① 相关讨论参见第二讲第九节,也可参见 Joseph Campbell et al., eds., *Carving Nature at Its Joints：Natural Kinds in Metaphysics and Science*（MIT Press, 2011）。

任教于加州大学圣地亚哥分校哲学系的理查德·阿尼森（Richard Arneson），已经对罗尔斯的范围属性概念提出了这些问题。① 罗尔斯将道德人格作为范围属性，阿尼森追问了如何确定这种属性的阈值。② 这种确定如何才能不陷入任性呢？我们能够清楚确定一条界线，并说在这些线之上都属于人的范围，而在这条线以下的都可以被忽略吗？划出这条清晰的界线究竟意味着什么？阿尼森写道：

> 让我们仅仅考察正义感。这是一种相对稳定的行为倾向，按照基本的公平规范行为，并且具备合理地界定这些公平规范的能力。但这种公平的倾向显然也是有程度差别的，某人或多或少按照自己理解的公平规范行为。同时，理解这些备选的公平规范并选择最恰当规范的能力同样存在着程度上的差别。忽视这些能力水平的具体阈值，以至于认为超出这些阈值之上的能力水平的变化与道德地位无关，这种观点令人失望。③

这里关涉到的是任何划界都可能出现的模糊性问题：可能总会存在灰色地带，总会出现边缘案例。但当我们回应这个问题时，我们应该记住罗尔斯所坚持的观点：我们"不应该将正义概念的模糊性与基本权利应该

---

① Richard Arneson，"What（If Anything）Renders All Human Persons Morally Equal?," in *Singer and His Critics*, ed. Dale Jamieson（Blackwell, 1999）, 108 - 109.

② John Rawls, *A Theory of Justice*, rev. ed.（Harvard University Press, 1999）, 442 - 443.

③ Arneson, "What (If Anything) Renders All Human Persons Morally Equal?," 108 - 109.

随着自然能力的变化而变化混同起来。"[1]所以,这种模糊性可能并不是真正的问题。阿尼森认真地探讨了模糊性问题:

> 模糊性问题源于将分界线理解得非常细,所以能力上的任何细微差别都可能带来道德地位上的重大差别。但我们不能将这个分界线理解得太细。区分人与非人的界线非常粗,因此很明显在这个界线下面的存在物不能被称为人,而在这个界线上面的存在物才有资格被称为人。具有理性(或道德)能力的存在物如果陷入了区分上面与下面的灰色领域,就处于不确定的状态。[2]

但问题依然存在。"即使将人与非人之间的界线理解为是粗的,这个界线在哪里依然显得是任意的。"[3]我们在第三讲中的一些讨论可能回答了这个问题。比如,洛克可能认为,如果一个存在物具有特殊的理智(抽象)能力,那么在上帝眼中就是一个独特的存在物。康德大体上也属于这一类。阿尼森认为,康德似乎解决了这一难题。康德首先具体描述了这种能力自身,再去确定这种能力所覆盖的范围,而不是在量上先划定一个界限,再去捍卫这个界线。

汤姆·克里斯蒂安诺(Tom Christiano)认为"界线必须有一个明确的非连续性",在"能力达到临界值和没有达到之间应该有一个显著

---

[1] Rawls, *A Theory of Justice*, 445. 对于模糊性问题的讨论可以参见 Christopher Knapp, "Equality and Proportionality," *Canadian Journal of Philosophy* 37 (2007): 179 - 201, and Ian Carter, "Respect and the Basis of Equality," *Ethics* 121 (2011): 538 - 571。

[2] Arneson, "What (If Anything) Renders All Human Persons Morally Equal?," 108.

[3] Ibid.

差别"。① 我不知道他是不是对的,但用这种方式处理平等的分界线并不恰当。一方面,我说的连续性平等并不需要这个分界线。② 我们可能直接说所有人应该彼此对等,而不去讨论其他存在物、其他物种是否应该与人类平等这个界限问题。

另一方面,出于对日常生活和政治生活中平等原则的考虑,我想我们更需要关注的是在范围之内的问题,而不是界限问题。那种认为应该从外到内,从起点来确定范围的观点可能是错误的。以道德能力(比如,康德的理论)为例,我们关注的是我们自身和其他人不时作出道德判断并根据道德判断来行事的能力——关注各种人、各种道德判断和各种不同层级的能力。他们作出道德判断并依据其行事,在每一个具体案例中我们对自己说,"我的天啊,真有趣!"我们并没有使用一个道德的盖革计数器,等待指针达到特定数据才作出这个判断。我们只是注意到人类一直在这样做。在有些情况下,这些道德行动者展现出较高道德修养,有时则相对低点,但显然他们都具有这种行动能力(即使在有些情况下被自私或恶意所掩盖)。我们注意到人们都有能力根据道德原则行事,为自身设定目的,回应特定价值。我们能说的是:"这种事实比他们运用能力的差别更加重要。"我们更加关注的是人们差别中的相似性。正是由于(合理地)意识到了相似性,排除了差别性的干扰,我们才使用了范围属性这个概念。

尽管如此,那些捍卫独特性平等的哲学家的确必须处理最低限度

---

① Thomas Christiano, "Rationality, Equal Status, and Egalitarianism," in *Do All Persons Have Equal Moral Worth? On "Basic Equality" and Equal Respect and Concern*, ed. Uwe Steinhoff (Oxford University Press, 2015), 57.

② 关于独特性平等和连续性平等的区分参见第一讲第七节。

问题。罗尔斯就属于这一类：他认为**拥有正义感**（*possessing a sense of justice*）是人有权享受正义、而其他动物无权享受正义的标准。① 我认为罗尔斯的设想是，考虑到我们人类的弱点、邪恶和非理性等因素，相关界线可以设置在人类道德能力的底端。② 在这个界线之上的就是拥有某种正义感的道德理性者，而他是一个弱的理性者，正义感被其自私的欲望所控制。在这个界线之下的（比如说）就是猴子了。对我们来说，这条界线标志着一个重大区别：一只猴子可能拥有一些基本的正义感——可能③——但它的等级比不上道德上能力不足的人。即使不运用它，人类也可以获得与猴子完全不同的道德能力。这里更重要的是这种能力关乎到了人的基本价值，而不是这种能力水平的高低或在什么程度上运用这种能力。

第 二 节

我们必须记住，关于范围属性的讨论是为了理解它的作用。我已经谈到了，范围属性的作用在于为基本平等原则及与之相关的其他原则提供依据、支撑和基础。除此之外，我们还能讨论什么呢？范围属性与基本平等的关系是前者必然蕴含着后者，还是说需要进行道德论证抑或其他什么？

---

① Rawls, *A Theory of Justice*, 441, 448.

② 但在第六讲中，我遵循罗尔斯的观点，认为应单独处理道德功能和认知功能彻底缺失的缺陷者问题。参见 Rawls, *A Theory of Justice*, 506。

③ 参见 Sarah Brosnan, "Capuchins Reject Unequal Pay," YouTube, December 19, 2012, https://www.youtube.com/watch? v =_Go8tnl21MU。（非常感谢哈佛大学出版社的一个读者对这个问题的思考。）

在第二讲中,我说过,不存在任何事实性意蕴迫使我们信奉人类平等。我们并不是要弥合"是与应该"间的鸿沟,也不是要用逻辑论证消除事实与价值之间的差别。但没有任何事实迫使我们信奉平等立场并不意味着这个立场与事实没有任何关系。这依然与我们自身的事实有着关联,即使这不是一种逻辑意义上的必然联系。这些事实伴生了平等的道德原则,从而使这个原则变得可以理解。

这个表述——作为基础的属性使平等原则变得可以"理解"——仍是模糊不清的。在日常用法中,说某事"是可以理解的"就是说,这看起来是正确的或至少没有明确的反对意见。这是一种赞同模式。但我希望,即使是反对基本平等的人也能理解基本平等与范围属性之间的关系。一个反对者可以认为一个原则是合理的——认为它是可以理解的——即使她反对这个原则。所以,我们想说的是,基本平等原则与范围属性之间的关键问题是后者使前者变得可以理解。(一些反对者可能否认相关的范围属性存在,或者否认该原则支持者所主张的范围属性的应用,但如果范围属性的确存在或的确能够用来理解原则,反对者仍可以理解这一点。)

这个说法仍很模糊,一些哲学家们可能因为我们没有能够更明确地讲清楚问题而感到沮丧。[①] 在使用这个表述时,我借用了直觉主义方法,即道德立场对我们有一种熟悉的吸引力。我们能够明白为什么

[①] B. 威廉姆斯已经讨论了"可以理解"(making sense)这个术语。他用"MS"作为通常意义上的"makes sense"的缩写。参见 Bernard Williams, "Realism and Moralism in Political Theory," in his (posthumous) collection *In the Beginning Was the Deed: Realism and Moralism in Political Argument*, ed. Geoffrey Hawthorn (Princeton University Press, 2007), 10-11。

一个道德立场,比如 M,能够吸引像我们这样的人。我们能够明白为什么人们被 M 所吸引。我们能够理解人们所理解的是什么,他们被什么所感动,他们为什么以这种方式信奉这个立场。当我们提出各种事实性属性时,我们也使用了与表达道德信念相类似的方式。事实性属性 F 使道德立场 M 变得可以理解,这部分是基于 F 是 M 存在的原因,部分是基于在事实与道德信念之间的关系被表达为一个条件原则的可理解性。F 使 M 变得可以理解可以表述为"如果 F,那么 M",这是使道德原则变得可以理解的方法之一。

这是否意味着引入 F 的目的就是为了解释 M? 对,也不对。不对的原因在于,即使那些反对 M 的人也能理解 F 与 M 之间的联系。对的原因在于,即使反对 M 的人也能理解为什么那些人赞同 M,因为 F 解释了为什么 M 对那些人具有吸引力。

在严格的道德哲学中,检验道德论证主要是追问在 F 与 M 之间有没有逻辑必然性,或者是否存在着一个更高的道德原则将 F 与 M 联系起来,这个更高的原则具有某种独立的价值。我并不认为 F 与 M 之间的关联——对我们来说就是,一个给定范围属性与基本平等信念的关联——能够经得住这种严格的检验。在最好的情况下,我们可以诉诸具有争议性的原则:"如果 F,那么 M"(或者,对我们来说,"如果一群人具有一个范围属性 R,那么他们就彼此对等。")。但一个道德原则对我们有吸引力比这个道德原则源于一个更高原则要复杂得多,而且,并非所有原则都可以被理解为某种更高原则的结果。道德的论证总有个出发点。为了论证一个根本原则,最严格的要求是这个原则变得可以理解,无论源于什么事实,这些相信的人一定会接受这些事实。

第 三 节

除了这些原因以外,还有其他原因限制着我们对于范围属性的选择。对于基本平等来说,**提出**(*come up with*)涵盖所有人的范围属性是不够的,还必须将之具体化。①

最重要的是,必然存在着某种东西推动着我们使用范围属性概念,也就是说必然有某种东西解释我们感兴趣的是范围属性本身,而不是该范围内属性的标量程度差别。为了人类的平等、价值和尊严,我们给出的解释必须阐明为什么坚定不移地关注范围属性自身,而不是与之相关的程度上的差别。在这次讲座的最后部分(第八节到第十二节),我将论证,使用范围属性也不是为了消除人们在该范围属性内的标量差别。范围属性的重要任务在于解释人类平等,但德性和能力的差别也有一定作用。这两者在某种程度上是互补性关系,而不是竞争性关系。所以选择范围属性的第一个约束性条件是必须为该范围内评估标量差别留下空间,标量的差别同样具有重要的道德意义。我们必须留下这个空间,而且必须解释为什么出于平等的目的,范围属性值得关注这些问题。

在第三讲中,我已经提出了一些可供选择的能力,把它们作为范围属性来关注的动机也非常清楚。霍布斯认为我们应该完全被对暴

---

① 相关讨论参见 John Coons and Patrick Brennan, *By Nature Equal*: *The Anatomy of a Western Insight* (Princeton University Press, 1999), 46. 他们提出了"主导属性的基本要求",这些要求包括道德的重要性和一致性(uniformity),以及一系列道德标准。

力死亡的恐惧所驱使,所以我们更应该关注的是简单事实:X 可能杀死 Y 或者相反 Y 可能杀死 X,而不是 X 和 Y 各自力量和武器数量上的差别。霍布斯认为,这就是人类平等的基础。在这背后是人的虚弱性、脆弱性和潜在对手的力量。[①] 但这种每个人都害怕死于他人之手的平等并不是人们关注身体力量的唯一兴趣。人们也可能对体育运动感兴趣,在运动中区分不同力量等级。为了公平竞争,人们设计了女子队和男子队,即使他们同时接受了霍布斯的观点(并且出于某些目的被此观点震撼),即任何男人都有死于任何女人之手的恐惧。

在一些更重要的可供选择的平等主义的范围属性中,我们可以发现一些其他属性在发挥作用。这使我们的注意力从标量差别转向某种既定的能力。有时候,范围属性被解释成每个人都具有的特性,不管这种属性的程度如何。康德曾说我们意识到道德人格的无限价值与天上繁星点点的景象一样令我们敬畏。"有两样东西,越是经常而持久地对它们进行反复思考,它们就越是使心灵充满常新而日益增长的赞叹和敬畏:我头上的星空和我心中的道德法则。"[②]他说,无论是在我们自身,还是在他人那里,我们都会发现这种与**因果律**相反的道德行为能力。当然,我们如何运用它非常重要,我们如何运用我们的道德判断也非常重要,但我们这种能力——这种重要事实,自在自为地——使我们成为具有无限价值和尊严的存在物。康德强调了一个人注意到自己身上的这一点所产生的敬畏,但同样地,当一个人注意

---

① Thomas Hobbes, *Leviathan*, ed. Richard Tuck (Cambridge University Press, 1996), 139 (chap. 20).

② Immanuel Kant, *Critique of Practical Reason*, in *Practical Philosophy*, ed. Mary Gregor (Cambridge University Press, 1996), 269 – 270 (5:161 – 162).

到别人身上的这一点时，他也会感到敬畏。①

有时，我们也可以根据关系来解释特定范围属性。重要的或有价值的生物之间的相互作用必然要求他们都具有给定范围内的某种属性。西塞罗和斯多葛学派都主张，除非我们在某种程度上像神一样理性，否则我们不可能与众神交流。这不是说我们的理性与众神的理性等同，但我们的理性与诸神的理性属于同一范围，这意味着我们可以与他们进行交流和沟通。基于同样的原因，我们也可以与他人进行沟通和交流。即使我们把神灵抛在一边：一个具有爱的能力的生灵意味着他能够与其他具有爱的能力的生灵相互作用，即使他们之间爱的能力具有不同特征。

实际上康德所说的道德能力——敬畏每个人——同样具有重要的关系维度。康德在《道德形而上学奠基》中使用了一个政治想象来表征我们的道德能力。拥有这些能力意味着我们所有人都是目的王国中的立法者：在这个想象的政治共同体中，人们理性地共同设定必要的条款、要求和限制性条件。②（人们通常认为康德提出的是孤独的、唯我论的道德意志立法者，因此忽视了康德目的王国想象中关系维度的重要性。）

---

① 正如康德所说："在一个卑微的普通人面前，我在他身上看到了比我自己更正直的品格，无论我是否愿意，**我的精神都要鞠躬。**" Immanuel Kant, *Critique of Practical Reason*, 202（5:76 - 77）；黑体字强调出自原文。

② Immanuel Kant, *Groundwork of the Metaphysics of Morals*, in Gregor, Practical Philosophy, 82 - 99（4:432 - 440）。

第 四 节

在所有这些问题中,仅仅提出一些可供选择的范围属性是不够的(要是某人只要眨眨眼睛,张开嘴巴,就能够发现表面上的差别也存在着诸多相似性就好了)。我说过,范围属性必须能够承担起实现人类平等的重任,应该使人类平等变得可以理解。对此现在我想强调两点。第一,这个问题具有**跨界性质**(*across the board*)——其具有统合性(comprehensive)。第二,相关的范围属性必须承担重任的意义在于,其应该能够抵抗一系列诱惑,应该能够从其他貌似有理的道德原则中胜出。

让我们从统合性开始讨论。① 不管我们列举的范围属性或范围属性的组合是什么,其必须使基本平等原则的要求变得有效。范围属性与平等原则的关系就是前者使后者变得可以理解,这就需要理解很多东西。在第二讲中,我已经说了,基本平等的规范性原则至少具有四个方面:其要求我们在共同善的计算中、在任何功利主义计算中(如果我们想要如此计算的话)、任何结果主义计算和任何成本—收益计算中(必须权衡某一些人的成本和其他人的收益)被平等地计算。我说过,基本平等为每个人主张正义的权利提供了基础,为公平正义的社会安排所要求的关心和关怀提供了基础。我也说过,基本平等也是我们平等享有基本权利的基础(尽管这些平等人权的具体内容还有争

① 这里使用的"统合性"与罗尔斯不同,罗尔斯认为在公共理性中使用统合性并不恰当。参见 John Rawls, *Political Liberalism* (Columbia University Press, 1993), 13。我将在第五讲结尾讨论后　种观点。

论)。同时,基本平等还在某种意义上是我们平等自主权、平等尊重、有权主张自主的民主的生活方式的基础。要做的工作实在太多了,其涵盖了政治哲学的诸多主题。我们必须确保基本平等原则可以在诸多层面发挥作用。

我想在我们讨论平等时就产生了一个问题。你们可能已经注意到我非常赞同康德所强调的道德能力。对于康德来说,这是支撑基本平等和人类尊严的基础。我们作出道德判断并据此采取行动的理性能力是我们人类价值的精髓。康德认为这是最重要的,我们也非常赞同。

但是,我想质疑康德的论述是否满足了统合性的要求。比如,它是否表达了对我们利益的平等关怀和平等关心?我们是否可以说,因为我们具有道德评价能力,所以应该关注我们的需要?或者因为我们能够作出道德判断并且根据道德判断来行事,所以应该关注我们的利益?当康德说我们的人性是道德的"客观目的"时——"其存在自身就具有各种绝对的内在价值,作为目的自身,它能够成为确定的法则的根据。"①——他所理解的人性不是人的激情、知觉和情感,而是我们理性评价目的或价值的能力。这真的是平等关怀的可靠基础吗?我想有些人可以捏造一个理论,将两个方面结合起来。有人可能会说:"在人没有吃好和受到良好教育时,没有人能够成为道德的能动者,所以,对人们生存等利益的平等关怀可以为道德能力的论证提供一个补充。"但这种关心的类别和程度可能难以界定。众所周知,人们在逆境或贫困状态下更容易成为道德能动者,在决定给予每个人平等的关怀

---

① Kant, *Groundwork*, 36 - 37 (4:428).

时是不是应该考虑这种因素呢?

事实上,我们的利益非常重要,就整个人类而言,其他人类似的利益也同等重要。我们的需要很重要,就整个人类而言,其他人类似的需要也同等重要。我们本性中的动物方面很重要,我们人性中的动物方面同样重要。这些观点与康德关于道德能动性的伟大论证不同。尽管道德论证表达了我们的特殊性,但其还不足以充分揭示为什么我们的需要和利益也同样重要。这种相对偏窄的论证与平等原则仍不匹配。如果看到一个人将要饿死,你不会说,"喔,该死! 世界又失去了一个道德判断的机会。"如果一个人将要饿死,我们应该关心的是他的饥饿和死亡,而不是道德能力的减弱(这在某种意义上确实取决于物质生活)①。我并不想否认物质需要和道德能力之间的诸多关联,但我好奇的是康德主义传统的哲学家是否有时太轻忽了这一点。他们受到康德独特的道德主义影响太深,以至于过多强调了与人类道德能力相关的范围属性。②

一种解释是,或许在"是/应该"鸿沟的事实方面,我们认为需要一些规范性或道德性的东西。相关的范围属性是为了使平等规范变得

---

① 一些人也据此对康德关于人类尊严的论述持保留态度。他们担心,这似乎是对我们道德能力的盲目崇拜,忽视了我们的生活以及生活方式的展开。例如,参见 Michael Rosen, *Dignity: Its History and Meaning* (Harvard University Press, 2012), 80 - 90, 122 - 125。这些论述指出康德似乎只关心道德法则和道德能力,而不是人本身。对康德尊严概念的相关讨论也可参见 Joseph Raz, *Values, Respect, and Attachment* (Cambridge University Press, 2001), 130ff。

② "即使我们承认每个人都同样具有善意,我们仍然怀疑这是否足以构成人类的平等价值。为什么良心就足以构成我们的价值? 康德在什么基础上认为义务感的能力是价值的充分必要条件?"参见 Louis Pojman, "Critique of Contemporary Egalitarianism: A Christian Perspective," *Faith and Philosophy* 8 (1991): 485。

可以理解。由于我们需要理解的平等无疑是规范性的——我们在第二讲的开始部分已经讨论了——所以,我们最好从我们某些规范能力的事实出发。但这是一个虚假的优势(a fake advantage)。我们都拥有康德所说的道德能力是关于我们的一个**事实**(*fact*)(如果这是正确的话)——这是一个**关于**(*about*)规范性的事实,但这不是规范自身——这一事实与基本平等原则之间的差距,正如基本平等原则与关于我们的任何其他事实(如我们的需求或基本利益)之间的差距一样大。因此,我们不应该感到受困于只能在平等的事实方面提供道德能力的解释。通过用与人类基本生活相关的范围属性来补充道德范围属性,我们不会有任何损失,反而会在必须完成的综合工作中收获更多。①

如果我们关注的仅仅是正义的受益者,而不是正义所要求的义务的承担者,这些问题就显得更加重要了。很清楚,如果我们的问题是关于正义所产生的义务承担者,那么诉诸与道德能动性相关的范围属性就很好理解。但如果我们的问题是关于正义的受益者,那么这种范围属性是否还有效呢?那些主张在人与其他动物之间存在着连续性平等的人一定会否认这一点。② 他们会主张,动物缺乏道德能动性不应减少我们对动物福祉的关注。虽然我并不认为道德能动性仅仅与正义或平等所带来的义务承担者相关,但我们的确与康德一致认为,我

---

① 我思考的是这个问题,某一种给定的范围属性是否能够承担起基本平等必须发挥作用的范围,相关进一步讨论参见 Jeremy Waldron,"Basic Equality," NYU School of Law, Public Law Research Paper No. 08 - 61 (December 5, 2008), http://ssrn.com/abstract=1311816, 40 - 44 (§§54 - 57)。我认为这一点也适用于对洛克的讨论。

② 例如,参见 Laura Valentini, "Canine Justice: An Associative Account," *Political Studies* 62 (2014): 39 - 40。

们的道德力量赢得了他人的高度尊重,这同时也是我们承担起相应义务的机会。更大的问题在于这种尊重是否能够涵盖基本平等原则所包含的一切。或者,这种尊重是否必须与其他不能还原为这种尊重的平等原则联系起来?

第 五 节

我同样说过,基本平等要做的工作**艰苦卓绝**。面对一些强有力的心理诱惑和道德诱惑,基本平等应该能够坚守自身的原则。

在心理上,坚持所有人都非常重要并且同等重要的原则,要能够对抗和抑制我们赋予自身的特殊偏爱,更不用说对于家庭和朋友、对于自己所属的共同体和民族的近乎骄傲和难以抑制的优先考虑。所有这些偏爱和优先考虑都会阻碍任何平等关怀与尊重原则的运用。这些都是强大的压力。人类平等的基础必须拥有足够的力量解释为什么基本平等原则能够抵御这些压力。

虽然当下道德哲学已经对这些特殊诉求作出了一些限制,虽然我认为基本平等应该进一步限制这些特殊诉求,但我并不想贸然否认特殊关系的特殊诉求,比如,亲子关系。但是,请把注意力集中在父母和子女间的特殊关系上。人们认为,由于这种特殊关系,父母有权优先关心他们的子女,而不是陌生人。关于这种关系,首先要注意的是,不仅仅是那些主张这种特殊关系的人,而且许多(如果不是大多数的话)成年人都有这个特点:他们都认为自己的子女是独特的。因此,每一对父母都必须敏感地、公平地考虑其他家长在这方面的关系。可能在某些情况下,父母 A 有权优先考虑 A 的孩子,小 a,而不是其他孩子

（小 b，小 c，等等）。但假定不同的父母正试图共同建立一个公平的框架，让孩子们在其中竞争（例如，竞争在一所好学校中的位置），父母 A 就不能仅仅因为这个框架对小 a 有利才支持它。A 必须支持一个对所有人都公平的框架，即对每个家长和每个受影响的孩子以及他们之间的特殊关系都公平。换言之，我们试图平等对待每一个具有特殊关切的人。我们并不需要以平等之名蔑视这些特殊关切，而是以基本平等作为公平处理这些特殊关切的基础。这些特殊关系并没有使公平失效，而是需要公平对待这些特殊关系。所以，在处理这些对人很重要的特殊关系问题时，在处理这些不同的特殊关系如何相互协调时，公平与平等原则依然发挥作用。

面对这些问题，基本平等原则必须特别坚定，因为从道德品质上说，**我们**（*we*）自身并不那么坚定。我们经常会给我们自身的特殊关系以特殊关怀。我印象深刻的是某人对于其民族身份的特殊关怀。神学家莱茵霍尔德·尼布尔（Reinhold Niebuhr）在其 1932 年经典著作《道德的人与不道德的社会》中特别强调了人的民族情感和民族同胞情感的能力——我对于新西兰同胞的情感，或者当我生活在美国时，我对美国同胞的情感；你对苏格兰同胞的情感，等等。尼布尔特别关注的是这种情感能够"消除"（sluice off，这是他的术语）人们所有的利他主义。① 人们会说："我当然不是一个自私的人，我非常关心和关注

---

① "爱国主义将对个人的无私转化为对国家的利己主义。与较少的忠诚和更狭隘的利益相比，对国家的忠诚是一种崇高的利他主义。因此，它成了所有利他主义冲动的媒介，并在某些时候以如此强烈的激情表达自己，以至于个人对国家的批判态度几乎完全消失了。……因此，个人的无私会导致对国家的自私。这就是为什么仅仅通过扩大个人的社会同情来解决人类更大的社会问题是如此的徒劳。"参见 Reinhold Niebuhr, *Moral Man and Immoral Society*: *A Study in Ethics and Politics* (Charles Scribner's Sons, 1932), 132。

其他苏格兰人或其他新西兰人的福祉。"但是，如果这种同胞之情开始独占我所能控制的这种利他主义，就会出现一个问题，那就是在苏格兰和新西兰之外，人类平等的要求将得不到适当的满足。基本平等的性质和特征要求我们能够超越从个人出发而形成的圈子，无论这个圈子是民族还是家庭。

你们还记得大卫·休谟关于家庭情感与正义之间关系的论述吗？他说，尽管献身家庭是一种"高贵的……情感"，然而，由于"不能将自己置入更大的社会中，这种情感就是一种与社会相对立的最狭隘的自私"①。人们可能愿意以道德的名义为自己做出牺牲，但他们常常不愿意为他们的家庭做出道德牺牲，即使这些牺牲是出于公平，或者是出于对社会全体成员或全人类的关切。我并不想贬损家庭情感，而是要表明基本平等原则必须规训那些仅仅将利他主义局限在自我关涉的小圈子里的人。

第 六 节

除了必须克服这些心理上的阻碍以外，基本平等原则还必须回应其他善意的道德原则的挑战。对于现代政治哲学而言，真正好的原则必须超出其他原则是很平常的事情。有时候，这是一个道德多元主义问题，我们所奉行的价值并不那么容易被归结为一个齐一化的道德信念，有时候需要作出艰难的权衡和选择。但有时这也不仅仅是一个道德多元主义的非齐一性问题。有时候，自由原则必须超出其他道德原

---

① David Hume, *Treatise of Human Nature*, ed. L. A. Selby-Bigge (Oxford University Press, 1890), 487 (III, ii).

则,但其他原则作为自由的背景也非常重要。在这种政治理论中,权利与其他要素共同发展。这意味着这种理论不仅包含权利①,那些反对权利的观点也不能被轻易抛弃。比如,个体权利不仅反对与之性质完全不同的暴政和压迫,而且也反对功利主义原则或其他后果主义原则的理性运用。正如德沃金在《认真对待权利》中说的那样:"如果某人拥有做某事的权利,那么政府否认他的权利就是错误的,即使是为了普遍利益也是错误的。"②基本平等也应该拥有这种压倒性的力量:它必须有能力压倒其他无可否认具有道德重要性的观点。而这种压倒性的力量不能被假设:它必须被解释。

当然存在一些值得尊敬的道德原则要求我们并不必然将基本平等或尊严赋予所有人,而是倾向于偏爱一些人。我们怎么能只谴责错误行为和做出这些行为的人的道德品质,而不谴责这些行为者的道德人格呢?从道德上说,没有什么比区分一个残暴的大屠杀制造者与一个普通的正派人更重要了。然而从我所理解的基本平等来看,波尔布特、斯大林、希特勒也与我们彼此对等:他们与我们在道德价值和人格尊严方面是平等的,这是基本平等的结果。这似乎令人憎恶——甚至,用乌维·斯泰因霍夫的话来说是**匪夷所思的**(*bizarre*)——特别是将这些人与一些品德高尚的人进行比较时(比如在哲学领域受欢迎的

---

① 这个说法源于德沃金,参见"Rights as Trumps," in *Theories of Rights*, ed. Jeremy Waldron (Oxford University Press, 1984), 165。

② Ronald Dworkin, *Taking Rights Seriously* (Harvard University Press, 1978), 270.

可能是纳尔逊·曼德拉、特蕾莎修女、阿尔贝特·施韦泽）[1]，就更加令人费解了。

> 施韦泽的道德品格和道德价值当然比希特勒高了很多。这是一个明显的事实，无需论证。（想象一下希特勒和施韦泽同时被某种宇宙力量抛到你生存的时空中，被抛到你的救生艇旁边的大海中，而你只能救助一个人。假定你知道希特勒出于某种原因已经忏悔并不再伤害任何人。即使是这样，究竟应该救助哪个人对你来说是个问题吗？平等主义者可能希望你保持中立，通过投一个硬币来决定救谁。但除了平等主义者以外，几乎所有人都会认为这是荒唐的……大屠杀的独裁者和无私奉献的医生在道德上绝对不是平等的，除了少数自由主义的平等主义者以外，所有人都明白这一点。）[2]

这方面的担忧可以通过以下做法得到缓解：人们可以根据基本平等以外（尽管仍从属于基本平等原则）的道德原则分析这个问题并且对他们作出区别对待，比如谴责希特勒而不是施韦泽，惩罚希特勒而不是施韦泽，甚至处死希特勒而不是施韦泽。我将在本讲的最后部分再来详细讨论这个问题。

斯泰因霍夫可能是对的。如果基本平等、平等价值和人的尊严发

---

① 与希特勒形成对比的好人包括施韦泽和特蕾莎，参见 Stefan Gosepath, "On the (Re) construction and Basic Concepts of the Morality of Equal Respect," in Steinhoff, *Do All Persons Have Equal Moral Worth?*, 125, and Nelson Mandela in Uwe Steinhoff, "Against Equal Respect and Concern, Equal Rights, and Egalitarian Impartiality," in Steinhoff, *Do All Persons Have Equal Moral Worth?*, 157。

② Steinhoff, "Against Equal Respect and Concern," 168, 170。

挥作用的话,那么它们的确会带来必须平等关怀与尊重希特勒和施韦泽这个令人恼火的规范性结论。适用于我们的基本平等对于那些恐怖分子、独裁者和大屠杀者同样适用。对于很多人来说,这听起来是如此地违背常识。他们会说,"究竟是什么发挥如此重要的道德功能使我们断言希特勒与一个遵纪守法的人在根本上具有相同的尊严呢?"然而,这的确是基本平等原则的主张。这个原则和支撑这个原则的范围属性必须有足够力量回应这些反对意见。我们必须能够毫不妥协地坚持人的价值和尊严彼此对等这个基本原则,无论他或她做了什么,该承担什么样的责任。

让我用一个例子来说明这种毫不妥协的立场吧。2005 年 12 月,以色列最高法院讨论了以色列政府的定点清除政策问题。这里我关注的是对恐怖组织成员的预防性打击政策,即使他们此时并不活跃或并没有直接参与恐怖行动。[1] 这些人周一、周三和周五可能是恐怖分子,但周二、周四和周六却是在加沙或约旦河西岸的汽车修理厂中的工人。经过深思熟虑之后,以色列最高法院荣休法官亚伦·巴拉克(Aaron Barak)对争论中的绝对主义观点提出了批评,这种绝对主义观点认为在任何情况下定点清除政策都是错误的。[2] 巴拉克认为,不能排除以色列国防军有权使用武力清除那些参与或准备参与恐怖活动的人,即使这些人并没有实际地参与到行动中去。他认为,除了在个

---

[1] 美国也有定点清除政策:我们有白宫领导的敢死队和制定的死亡名单。参见 Jeremy Waldron, "Death Squads and Death Lists: Targeted Killing and the Character of the State," *Constellations* 23 (2016): 292 – 307。

[2] *The Public Committee against Torture in Israel and Palestinian Society for the Protection of Human Rights v. Government of Israel and Others* (Israel, HCJ 769/02), December 11, 2005.

案基础上处理这些情况之外,我们没有其他选择。这些人参与恐怖活动的频率有多高?当他们退回到平民区中时,他们是不是为了争取喘息机会或者为下一次袭击活动作准备?在这种情况下,除了官方授权的逮捕和审判行动,有没有替代方案?在这个定点清除活动中,对平民的附带性伤害怎么计算?我们可能同意这些,也可能不同意。巴拉克认为,在特定情况下,在特定附件条件下,针对性清除是可以的,如果其他形式的逮捕是不可能的话,如果对平民的附带性伤害是有限的话,如果我们清除的是那些出门进行恐怖行动,回到平民区寻找保护的人的话。所以,他给出的论证实际上是具体情况具体分析。

我关注的不是法院判决的细节问题,我关注的是巴拉克主席得出最终判断的两个重要前提。他说的第一个前提是恐怖主义活动给以色列人民和社会带来了巨大威胁,这里指的是恐怖主义活动平息之前的 2005 年。"对恐怖主义的行动是国家对其敌人的行动。"成千上万的恐怖主义活动已经给以色列无辜百姓带来了巨大伤害。[①] 这是第一个前提。第二个前提源于他说的一段话(源于希伯来语的翻译)。"毫无疑问,不法的恐怖分子也不是'法外人士',他们不是'法外人士',上帝按照自身形象创造了他们,他们作为人的尊严同样应该得到尊重,他们同样拥有法律保护的权利……受到国际惯例法的保护。"[②]"毫无疑问"——但可能这正是需要讨论的问题,是停下讨论这个说法的地方,尽管我们讨论的是作恶者,是恐怖分子,是邪恶的人,是以色

---

① *The Public Committee against Torture in Israel and Palestinian Society for the Protection of Human Rights v. Government of Israel and Others* (Israel, HCJ 769/ 02), December 11, 2005, §§1, 62.

② Ibid., §25.

列国家和犹太人的敌人,是威胁我们所爱的人的敌人,是一有机会就杀害或重伤无数无辜百姓的敌人——但**仍然**(*still*),我们讨论是人的尊严的承担者。这不是赋予某一个特定民族的成员,而是赋予任何民族的任何成员以价值和地位。进一步说,尽管我们讨论的是可能或打算制造致命伤害的人,但我们讨论的不是人这种动物,就像洛克所说的那样,"因而可以当作狮子或老虎加以消灭,当作人类不能与之共处和不能有安全保障的一种野兽来加以毁灭"①。恐怖主义者可能是一个邪恶的人或危险的人,但他们同样是按照上帝形象创造出来的人,这种特征限制了我们该如何对待他们,限制了我们不能草率地决定如何对待他们。②

我在这些讲座中已经指出了基本平等原则是多么美好,但我们必须理解这个原则要想发挥作用是多么困难。这个原则限制我们针对恐怖主义嫌疑者的行动,即使我们非常确定他们是有罪的。它限制了对他们的惩罚,限制了用野蛮的方法对待他们,限制了草率作出定点清除决策。巴拉克提到这一点——在上帝也按照自身形象创造了恐怖分子这个说法的支持下——是为了让我们"紧急刹车",不是为了解决这个问题,而是为了告诉我们当我们作出决定时必须深思熟虑,因为我们讨论的是人,是具有独特能力从而有价值的人。康德在这个问题上同样毫不妥协。他认为即使是最大的作恶者也具有尊严,这也限制

---

① John Locke, *Two Treatises of Government*, ed. Peter Laslett (Cambridge University Press, 1988), 292 (II, § 11).

② 相关讨论参见 Jeremy Waldron, "The Image of God: Rights, Reason, and Order," in *Christianity and Human Rights: An Introduction*, ed. John Witte and Frank Alexander (Cambridge University Press, 2010), 216。

着我们能对他们所做的。"我自己仍然不能拒绝给予这位作为人的有恶习者以任何敬重。"康德写道,必须对"有损人性本身的惩罚(例如,把人分尸或让狗撕咬)"①作出限制。最大的作恶者也是我们中的一员,也应被如此对待,即使他看起来并不值得如此。这就需要解释为什么人们之间特定道德差别——即使是没有接受任何道德教育的人也能看出这种差别——并不构成基本平等的障碍。一个人与其他人共同拥有的相关范围属性——不管他们之间有多大差别——对于特定道德目的来说特别重要。

第 七 节

我们或许可以原谅这种推断:范围属性概念将人的多样性还原为一种单一属性,比如理性的存在物或能动者,而忽视了人们之间的差别。基本平等可能的确给人们留下这个印象,其忽略了人们其他有趣的方面。我现在要证明的是,这种印象是错误的。基本平等并没有忽视人们之间重要而有趣的差别。**为了特定目的**(for certain purposes),我们必须要考察这些特定差别,但出于其他目的,我们又必须不能这样做。在特定条件下,这些不同目的必须同时在我们心中,要求我们在范围属性和特定个人的标量属性之间(如其所是地)进行来回反复考察。不同的道德原则要求我们对于不同人做出不同考察。

当我们寻找所有人都拥有的范围属性时——这些属性是人类平等的基础,也是人类平等原则必须承担的重任的基础——这可能就带

---

① Immanuel Kant, *The Metaphysics of Morals*, in Gregor, Practical Philosophy, 580 (6:463).

来一个错误判断,我们在寻找一种适合所有人的平淡无奇的统一性。我们并不想要某种简单的相似性,某种还原性的东西,将我们所有人——我们70亿人,实际上所有现在活着的人——还原为某种最低限度的共同属性。实际上,我们的确在寻找某种相似性,但确立基本平等并不必然与每个人、每个个体的独特性相冲突。这些独特性毕竟是我们赋予每个人价值的一部分,如果某种范围属性不考虑每个人独特的价值的话,那么赋予这种范围属性重要作用就没有什么意义。这并不意味着我们抛弃范围属性的平等意义,而是意味着我们必须充分认识范围属性的平等应该与某种利益联系起来——一种独特的但内在相关的属性——与某种利益的特殊表现联系起来。我们所追寻的属性必须能够容纳每个人的独特性,即使其关注是作为彼此对等基础的相似性事实。所以我们寻找的属性不仅仅需要在其体现者身上实现平等,而且需要与他们的个体性相兼容,也就是不仅仅需要实现平等,而且需要平等地对待每个现实的人——也就是多样性的个人——也就是我们所说的彼此对等者。

早在20世纪七八十年代迈克尔·桑德尔等人的批评①中就出现了一种担忧,即,正义的自由主义理论把我们每个人设想为没有现实属性的幽灵,我们都一无所知地处在"无知之幕"后面,不知道我们是谁,也不知道什么对我们很重要,仅仅在最稀薄的正义环境下研究像空气一样的个体需要什么样的正义。我在讨论中将尽可能避免这种情况。

---

① 参见 Michael Sandel, *Liberalism and the Limits of Justice* (Cambridge University Press,1982)。

　　寻找某种范围属性或一系列范围属性并不是运用到个体的某种唯名论。迈克尔·高尔(Michael Gorr)在讨论合理性的范围属性时就表达了这种担心：

　　　　占有一定范围的合理性(例如)并不必然需要占有任何给定程度的合理性，而是要求必然占有一些规定程度的合理性。因为，人并不是附加上某种范围的合理性才具有合理性的规定性——他们根据具有一定程度的合理性(在特定范围内)而在合理性的范围之内，也就是说，合理性不可能**抽象地存在**(*in abstracto*)(正如无任何规定性的合理性)，因为占有一定程度的合理性就意味着在合理性的范围内。①

　　高尔是对的：人具有合理性仅仅因为他们拥有**某种程度**(*a certain degree*)的合理性，但什么程度的合理性对于某种目的是重要的，而对其他目的则不重要呢？

　　我将使用"闪烁"这个术语表示在相关范围属性和每一个具体案例的特殊表现之间进行反复思考。有时候，我们看看那些人处在什么程度上——他们是怎么做的，他们的选择是什么，他们的现实生活是怎样的——有时候出于人类平等应该发挥的作用考虑，我们将注意力回到自身，看看范围属性有没有问题。我们的注意力来回反复地闪烁。对于范围属性的关注并不抹杀或消除每个人的独特成就，而是在它们之间来回闪烁。对范围属性的抽象考察并不能阻碍我们关注那些经由抽象抹去的具体独特性。出于其他目的的需要必须保留这种

---

① Michael Gorr，"Rawls on Natural In equality，"*Philosophical Quarterly* 33（1983）：15.

关注——也就是出于其他价值和原则的需要。我们平等关注每个特定男人、女人和小孩的具体成就并不能掩盖我们最根本的兴趣。我们的根本兴趣在于,出于平等目的的考虑,他们所运用的能力都非常重要且同等重要。正如我说的那样,我们在抽象的能力范围与个体运用之间来回反复考察。我们绝不是随意任性地这样做,我们的来回反复绝不是出于注意力缺失症,而是因为成为独特的个体是每个人最根本的潜能要素,我们所感兴趣的范围属性必须包含个体选择的差别性和品质的差别性。

让我们看一些具体案例。第一个与个体自主性有关。在第三讲中,我已经指出了这是范围属性之一,我提到了约翰·斯图尔特·穆勒在《论自由》中坚持的观点,每个人都具有自主安排生活的能力。我已经指出了穆勒论述中的规范性意蕴:他认为,我们每个人都具有培养我们自主性的责任。这听起来好像他希望我们每个人都成为他那样的人——一百万个约翰·斯图尔特·穆勒。显然问题并不是这样的。每个人自主性的责任在于展现他或她人格的独特光芒。自主性能力的关键在于每个人能够展示他们的特殊性,他们独特的社会经验、能力和境遇。因为每个人并不是等同的,并不以同样的方式发展:

> 人性并不是一部按照一种模型组建起来,并被设定去精确执行已规定好的工作的机器,人性毋宁说像是一棵树,需要朝各个方面去成长和发展,并且是根据使它成为活体生命的内在力量的倾向去成长与发展……要想让人类成为值得瞩望的尊贵美好之物,不能消磨一切个人所独具的殊才异禀使之泯然于众,而只能在无损于他人的权利和利益的范围内使之得到培育和发扬;而且既然作品总是能够反映创造者的性格,那么经过同样的过程,人

类生活也会变得更为丰富多彩、生气盎然,还会给高尚的思想和崇高的情感带来更充分的滋养,并通过让所属族群更值得个人为之自豪而加强每个个体与族群之间的联系。随着个性的张扬,每个人变得对他自己更有价值,也因此就更能有益于他人。以个人的存在而言,生气更为充沛,而由于个人生气更为充沛,由个人组成的群体生机也就更为蓬勃。①

我们可以用这些抽象的术语讨论每一个具体的人,因为这种抽象术语表达了每个人都会展现出独特个性。这就是在主张人的自主性这个抽象属性范围和允许个体生活的多样性之间来回反复地闪烁。

这里还有一个例子。在第二讲中,我提到了阿伦特的观点,每个新生命的诞生都是一种伟大的可能性,一种创造新事物的可能性。②这也是一种人类平等的基础。这种可能性通常会转变为现实性。如果这种可能性不能转变为现实性,我们也不会对之感兴趣。出于一些目的,我们感兴趣的是可能性,而出于其他目的,我们感兴趣的是现实性所呈现出的伟大的独特性。当我们思考人的尊严问题时,我们通常对两者都关注。我们的关注点来回反复地闪烁。

第 八 节

这种闪烁在道德领域和我们的道德能力中是如何发挥作用的呢?我们首先应该承认在这个领域并不总会星光熠熠。在道德能动性问

---

① John Stuart Mill, *On Liberty* (Bobbs-Merrill, 1959), 71 (chap. 3).
② 参见第二讲第五节,也可参见 Hannah Arendt, "What Is Freedom?," in *Between Past and Future: Six Exercises in Political Thought* (Viking Press, 1961), 160。

题上（被认为是一种范围属性），我们并不像我们对穆勒的个性的描述那样，对它所揭示的各种性格感到高兴。适当地考虑到各种条件的变化，如果我们都作出相同的是非判断并采取相同的行动，从道德上讲可能是最好的。① 但事实上，我们会面对不同选择，作出不同选择，对过去的正确和错误行为作出反思。有些观点认为，成为一个道德能动者——拥有并分享这种道德能力——就意味着我们能够应对各种不可预测和不可控制的变化。这是道德能动性最值得注意的地方：它不会像一台机器或一条算术题那样发挥作用。我们的道德能力更加敏感，能够细致入微地应对各种新情况，应对人世间各种不寻常的事情。

在第七节中，我们被质问到，道德能动性的范围属性能否将希特勒那样的怪物与像施韦泽那样的圣人统一起来？我们可以想象一下：站在我们面前的是希特勒，臭名昭著的杀人犯。通常的道德原则要求我们谴责他的行为，阻止他的屠杀行为，甚至杀了他——至少对他所做的一切我们就是做梦也不会运用到（例如）施韦泽身上。道德关注的是他的屠杀行为——他的特定罪行——这样做当然是正确的。面对他的罪恶，如果可能的话，我们中的一些人可能希望他遭受可怕而痛苦的死亡。但正是在这一点上，基本平等原则开始发挥作用了，该原则要求我们将希特勒视为一个有权获得基本保护的人，免受残忍或不人道的待遇。基本平等不是将他视为一个恶魔，而是理解为一个拥有基本人权的人。对于这种限制，有人可能一脸惊愕地问道，"那么，

① 小说家们（例如，艾丽丝·默多克）可能不会同意这一点。我相信任何一种道德美学都能取代单调无聊的道德正直观念。道德美学甚至可能反对任何形式的**安娜·卡列尼娜**原则（the *Anna Karenina* principle）。我们不仅可以说存在着无数种错误行为，而且可以说每个好人的善都具有他或她自身独特的方式。

我们是不是给他自由,像我们其他人一样?"答案当然是否定的:我们应根据相应的原则要求他而不是施韦泽因其所作所为而被逮捕和受惩罚。

现在这里有一个特殊区分,但一个更广阔的基本原则——一个统一的原则——认为他们两人都应该视为责任主体(responsible agent)。"这里根本不需要审判,"有人可能抗议说,"我们难道不能直接将希特勒拉出去毙了吗?"这里可能有一个合法的争论,就像二战后丘吉尔与他的美国盟友之间争论如何处理被盟军俘虏的纳粹领导人一样。但在争论中,我们要将希特勒简单地视为一个人,虽然他被指控犯下了不可饶恕的罪恶。我们从一个原则转向另一个原则,从一个视角转向另一个视角,有时需要看到他的暴行,有时需要看到他的人性。在这里使用"闪烁"未必是合适的,因为闪烁包含着魅力、闪耀和愉悦等内涵。但基本结构是一样的,在思考这个案例时,我们不得不在对待希特勒特殊罪恶的敏感原则与对待他是一个人的敏感原则之间来回反复(即使他与我们其他人共享的人性本身要求追究他的责任)。如果我们的道德原则结构有序,那么相关的原则之间就不会产生冲突。这些原则的确令人不悦地要求我们改变观点,而这对那些认为针对希特勒任何改变都是错误的人来说,就显得违背常识了。

对于那些想要将希特勒这样的作恶者描述成恶魔的人来说,闪烁理论就显得难以理解。[①] 约翰·凯克斯(John Kekes)认为,当自由主义的平等主义者认为每个人都具有基本平等的人性时,他们已经放弃

---

① 参见 Héctor Wittwer, "The Irrelevance of the Concept of Worth to the Debate between Egalitarianism and Non-egalitarianism," in Steinhoff, *Do All Persons Have Equal Moral Worth?*, 84。

了罪恶概念。他认为，有些作恶者的罪恶已经陷入如此深渊，以至于没有任何道德平等理论可以为他们辩护。① 我不知道该如何理解凯克斯的这个说法或自由主义平等主义者必然无视罪恶。如果凯克斯认为自由主义平等主义者给予希特勒以人性或基本平等立场是为了减轻他的罪行，那么他一定错了。除了一些极端的——可能也是令人不安的②——基督教观点认为在任何情况下都存在忏悔和救赎的可能性之外（我将在第五讲中作更多讨论），运用基本平等和人的尊严原则在任何时候都不能抵消其他道德原则所谴责的错误行为。运用基本平等和人的尊严原则只是提醒我们要注意作恶者的人的地位，它要求我们抵制一切诱惑，拒绝使用任何低等人类概念（在希特勒的案例中就是拒绝把**他**视为非人）。

我对这一分析相当有信心。但有一种说法是，疑难案件造就糟糕的法律。因此，让我们不再讨论希特勒的案例，转而思考我们该如何处理道德水平差别不那么显著的情况。

让我们思考罗尔斯关于基本平等的论述。对于罗尔斯来说，我们平等的地位依赖于平等地拥有正义感（和我们对自己善的感知）。我在第三讲中（第七节结尾部分）已经指出并不能够根据任何特殊概念或一系列原则来界定正义感（比如罗尔斯提出的作为公平的正义的两个原则）。相关的正义感必然意味着一种愿望，即运用正义原则和按

---

① John Kekes，" Human Worth and Moral Merit，"*Public Affairs Quarterly* 2 (1988)：53‐68. 也可参见 John Kekes，*The Illusions of Egalitarianism* (Cornell University Press，2003)，chap. 2.

② 我指的是大卫·道贝(David Daube)的观点，参见 David Daube，"Judas，"*California Law Review* 82 (1995)：95‐108。

照正义原则行事，无论这些原则是什么。当然，重要的是，我们所有人的正义感都要尽可能地指向正义的真相：它必须包含一种决心，以实现**真正的公正或真正的公平**。但显然人们对此意见不一。即使是在智力思考能力最高的人群中，比如在罗尔斯、诺奇克、德沃金、阿马蒂亚·森、努斯鲍姆、沃尔泽这些人中，也存在着争议。① 这种争议有时非常有趣，以至于有些人宣称他们属于罗尔斯阵营，有些人宣称他们属于诺奇克阵营。但对整个社会来说，对于正义问题的争议是一个重大问题。因为与宗教不同，在多元信仰的社会中，我们不会因为出现多种信仰而失去什么。但在社会治理中，我们的确需要一种正义概念，或者至少我们应该根据一种正义概念回答每个特殊正义问题（尽管可能由于政治竞争，我们根据罗尔斯的概念回答这个问题，根据诺奇克的概念回答另一个问题）。然而不幸的是，对于正义概念的一致性要求并没有消除歧义性。② 因此，人们在正义问题上的不同立场是一个值得关注的问题，而不是一个令人愉快的问题。

　　这种差别不仅是一个人认同哪个概念的问题。人们对给定方法的理解和运用方式也存在能力上的差异。正如平等原则回应了正义感自身，同样，也需要一些其他原则回应正义感能力的差别。"当然，有些人比其他人具有更强的正义感能力"，罗尔斯说，这种更强的能力

① 除了罗尔斯的《正义论》之外，也可参见 Robert Nozick, Anarchy, *State and Utopia* (Basic Books, 1974)；Bruce Ackerman, *Social Justice in the Liberal State* (Yale University Press, 1980)；Michael Walzer, *Spheres of Justice: A Defense of Pluralism and Equality* (Basic Books, 1983)；Amartya Sen, *Inequality Reexamined* (Oxford University Press, 1992)；and Ronald Dworkin, *Sovereign Virtue: The Theory and Practice of Equality* (Harvard University Press, 2000)。

② Cf. Jeremy Waldron, *Law and Disagreement* (Oxford University Press, 1999)。

"可能使其有资格担当特定职务"。①

> 较大的正义感能力,例如在运用正义原则和在具体案例中组织论点时表现出的更强的技巧和能力,也像其他能力一样是一种天赋能力。一个人在行使其权利时所获得的特殊好处应该受到差别原则的支配。所以,如果一些人突出地具备了某些职位所需要的公正和正直的司法美德,他就可以正当地获得和这些职位相联系的任何好处。②

所以,在这方面,我们的注意力就在两个方面来回反复闪烁,一方面是决定统一的公民身份和基本权利与自由的正义感,另一方面则是正义感在不同人身上表现出的道德意义和政治意义。

让我们思考一下康德所说的我们的道德能力及其运用不同原则的各种方式。康德相信所有人都具有道德能动性和根据原则行事的能力。他当然知道有些人比其他人做得更好。他承认,即使有这种共同的道德能力,"人也会受到如此多的倾向的影响,以至于尽管能够提出一个实践纯粹理性的想法,但他并不那么容易在他的生活中具体地实现它"③。他知道有些顽固不化的作恶者和个人比其他人更难以按原则行事。当然,我们不能认为康德只重视(或认为我们应该只重视)道德能力本身,而不评估人们如何据此行事。因此,我们不能否认善意和道德成就对康德的重要性。康德对此可能会非常严厉。有时人们会觉得,康德认为只有良好的道德能力才能显示人类价值的真正崇

---

① John Rawls, "The Sense of Justice," *Philosophical Review* 72 (1963): 301 - 302.
② Rawls, *A Theory of Justice*, 443.
③ Kant, *Groundwork*, preface, 45 (4:389).

高。虽然康德说尊严是"在道德的能力范围内"赋予人性的,但他在《道德形而上学奠基》的开篇同时指出,"在世界之内……除了一个善的意志之外,我们不能设想任何事物,它能无限制地被视为善的。"一个善的意志——在其行动中实际地表现为善——是任何宣称我们配享幸福的基础。

然而在康德哲学中还有这样一个简单的事实,每个人能够区分道德法则,能够阅读、标识、学习,并内在地使其成为他们行动机制的一部分,从而他们能够相应地监督和控制自己的行为——不管他们是否运用了这种能力。人们能够自我运用规范的道德能力本身就能打动我们。这是康德道德哲学的真理。我在第三讲中已经说过,康德认为,当他看到一个身份低微的普通人时,"感受到了比我自己更正直的品格,无论我是否愿意,**我的精神都要鞠躬**"①。我精神的鞠躬一部分是我意识到如果我想这样做,我同样具有或曾经具有这种能力。我们在特定评价与普遍能力的实现之间来回反复地闪烁。一方面由于我们自身具有这种能力,所以我们应该平等地获得某种尊重;另一方面由于我们运用这种能力,我们也应获得(或适当地予以拒绝)其他原则下的某种尊重。

第 九 节

很多年前,耶鲁大学哲学系教授达沃尔写过一篇论文《论两种尊重》②。他说有时当你说你尊重一个人,其实是想表达对他或她的高度

---

① Kant, *Critique of Practical Reason*, 202 (5:76 - 77);强调出自原文。

② Stephen Darwall, "Two Kinds of Respect," *Ethics* 88 (1977): 39.

评价。有人可能会说："我真的很尊重里奇・麦考（Richie McCaw）这位杰出的运动员。"或者："我尊重乔・拜登（Joe Biden），他是一个好脾气的政治家。"所以，有时我们使用"尊重"表示一种尊敬或评价。我们说："当我考虑到一个人的优点、所做的事和做事的方式，我更尊重这个人而不是那个人。"但达沃尔认为还有一个更深层次的尊重概念，这是个独立的概念，他称之为"承认-尊重（recognition-respect）"。承认-尊重意味着你认识到你正在和一个人打交道。当你承认某人是一个人的时候，你为她让出道路，你不会欺骗她，你也不会推倒她，你调整你的行为从而为她的生活留下空间。这种对他人的承认-尊重——承认人本身——补充了我们通过评价-尊重（appraisal-respect）所做的一切。

实际上，每当我们区分承认某人是一个 X 和承认他是一个好的或者更好的 X 时，我们可以在更抽象的层面上进行这种比较。承认-尊重并不一定是对人的尊重。让我们思考法官这个范畴。有时一位律师或辩护人在发言时这样开始，"尊敬的法官阁下"。这个短语表明发言者尊重法官，并相应调整自己的行为。但当辩护人是在酒吧，或者当辩护人聚集在一起时，他们会说："嗯，我尊重这个法官，但我不太尊重那个法官。"他们这样说时表达了不同评价。人们能够对法律或其他事情表达不同层次的尊重。你可能会说："我尊重这一条，因为这是法律。"或者，"我不尊重这个法律，因为我认为这是一个恶法。"我们可以同时这样说，而不相互矛盾。这两者都很重要：承认尊重-和评价-尊重。达沃尔让我们注意它们之间的差别，注意它们是如何运用到人这个根本范畴和其他特定事物身上的。毫无疑问，这是正确的。

达沃尔的分类帮助我们研究闪烁和基本平等。有时我们运用评价-尊重:我们考察人应该承担什么责任,人们作出了什么选择。有时我们运用承认-尊重:仅仅评价人性这个简单事实。根据我的观点(这比达沃尔教授的讨论更进一步),这两个层面在很多问题上是同一硬币的两面。因为当我们尊重作为人的个体时,我们也尊重他们拥有的人的特殊能力,而这些特殊能力的运用将必然导致不同的评价-尊重。[1] 这两个层面并不冲突。我们有时用来讨论人的平等,有时用来讨论其他东西,两者紧密地联系在一起。

第 十 节

在这些讲座中,我有时会谈到人的价值;我正在讨论的主题之一是人类拥有平等价值的概念。当人们说,"这是对的,但还有人的品质(merit)呢?"我的回答是,"对,的确存在着人的品质,而且这一定是不平等的。但在品质的下面还存在着人类价值,可以说,当我们将人的品质剔除之后,我们讨论的就是人的价值。"

弗拉斯托斯在《论正义与平等》一文中指出,我们并不是生活在一个建立在品质基础上的社会中,这一点对于理解我们的道德实践具有本质的重要性。[2] 他说我们可以想象一下我们生活在精英统治的社会中,在这个社会中,所有社会的决定和个体的决定都基于人们的品质——基于他们对我们有用的能力以及他们所做的好事和坏事。但

---

[1] 尊严既是承认-尊重的对象,也是我们反对他人特定判断的基础,参见 Stephen Darwall, The Second-Person Standpoint: *Morality, Respect, and Accountability* (Harvard University Press, 2006), 25。

[2] 参见 Gregory Vlastos, "Justice and Equality," in Waldron, *Theories of Rights*, esp. 49－60。

我们的社会不是这样的。我们认为,虽然品质会影响我们与他人打交道的方式,但人的平等价值与品质没有关系。

> 如果我看到有人落水了,在救他之前,我并不需要看他的道德品质是否令我满意。在这种情形下,我会向任何人伸出援助之手,即使他不是一个好人。这并不是说在极少例外情况下,就像这个例子所说的那样,我才这么做,而是说我对他人的义务与他们的品质没有任何关系。真诚地、信赖地、公平地、友善地、宽容地、谦逊地和诚实地对待我的同胞并不是因为他们通过了道德测验或取得了优异成绩,而仅仅是因为他们是我们道德共同体的同胞。①

我们应该以这些方式回应人的价值,就像根据他们的品质决定惩罚他们,或者雇佣他们,或者录取他们就读大学一样。弗拉斯托斯承认"人们品质上的差别如此显著以至于我们可能根据他们的道德品质来给予他们相应的道德回应"②。但在道德品质之外,在精英治理背后,还存在承认每个人的根本价值。"所有人的价值都是平等的,尽管他们的品质是不一样的。"③

这不是说人的价值排除了或妨碍了我们对于品质的考察,也不是说我们构想了一个社会,这个社会完全不同于弗拉斯托斯所构想的M-社会:在M-社会中,我们仅仅根据品质来下判断,做决定,与人打交道。在M-社会中,他们使用的是品质;在我们所构想的社会中,我

---

① 参见 Gregory Vlastos, "Justice and Equality," in Waldron, *Theories of Rights*, esp. , 55.

② Ibid.

③ Ibid. , 51.

们使用的是价值。但实际上,品质对我们来说也具有多种用途,品质与价值的关系也是一种闪烁,而不是相互冲突,两者相互补充。当我们根据品质来判断时,应该公平地根据同样的标准评价所有人,这部分源于我们对每个人的尊重,源于我们对于每个人价值的尊重。当我们在进行品质上的区分时,我们需要将这个区分建立在公平公正的基础上,或者应该建立在对整个社会有益的基础上——这同样是对社会每个成员价值的承认,任何精英评价都同样建立在这个基础上。你们还记得我在第一讲中提到过我们倾向于选择强壮的和年轻的人来当消防员吗?[①] 这些是消防部门所需的品质,这看起来似乎对老人和体弱的人不公平,但实际上,我们关注的是整个社会中每个人的利益,研究的是我们需要什么样的消防员,消防员的品质应该是什么。在这个意义上,即使我们在品质上作出了区分,但我们仍回应了平等价值的要求。这两者以这种方式相互照亮了对方。

关于价值和品质,还有一种观点认为,我们对于价值的理解限制了我们给予品质高的人和品质低的人不同赏罚的感知。我已经说了,即使对于那些道德品质极其低下的人——恐怖主义者或希特勒那样的大屠杀者,有些事情我们也不能做。我们不能将他们五马分尸,出于多种原因,我们甚至不能把他们杀了。对于那些具有较高品质的人(比如施韦泽),即使我们生活在高度精英治理的社会中,"我们也不能将社会共同体的财富按照赢者通吃方式全部给予最该奖赏的人,因为,这与对其他成员价值的普遍关心不一致。"我们应该对优秀品质给予奖励,但也应该根据公平原则对奖励进行限制。

---

① 参见第一讲第三节。

所以,这里再次解释了有时需要与范围属性相关的标量属性发挥作用,有时需要范围属性发挥作用。范围属性规定了奖赏的外在限度,但标量属性规定了奖赏的具体分配。在这里,范围属性的作用绝不是消除、压制、抹去或者忘记品质的差别、能力的差别,或者否认品质的重要性。品质当然是重要的,但不是唯一重要的。

有些哲学家忽略了这一点。伊恩·卡特(Ian Carter)认为基本平等陷入了认知论上的节制主义(epistemic abstinence),我们故意限制自己,不关注任何与基本平等范围属性相关的标量因素。他说,基本平等旨在为我们提供的是:

> 一种关于节制评价的特殊道德论证——即拒绝评价人们的各种能力差别……拒绝这种评价据说是出于对人类尊严的特殊尊重……按照我的理解,这种尊重是外在于人的,在这个意义上,阻止了对作为道德人格基础的各种能力的评价,不管这种能力是理性思考能力,还是评价判断能力,抑或是认识和理解我们在世界中位置的能力。①

他说基本平等要求我们"**避免**研究人们的内在属性"②。我认为他的这个说法是错误的。我们决不能忽视个体性和差别性,在界定范围属性的时候,一定要让这些因素散发光芒。这是我们正在寻找的平等的基础,但这平等适用于据称彼此对等的数十亿人中每个人的个性、差别性和独特性。这些观点是否彼此处于破坏性的紧张状态,被这个悦耳的术语"闪烁"掩盖了? 我并不这么认为,前提是我们明白这是一

---

① Carter, "Respect and the Basis of Equality," 550 – 551.
② Ibid. , 551;强调出自原文。

个持续的、反复的过程(绝对是反反复复的过程)。我们作为平等基础
的范围属性允许而不是阻止我们注意到人与人之间的差异。只是当
他们这样做时,出于某些目的,他们要求我们提醒自己,我们所面对的
每一个不同的个体在原则上都是平等的,都能接受这些评价。

第十一节

我之前所说的复杂性也有助于理解"闪烁"。我们不仅仅拥有理
性、生活、情感和正义感,它们并非彼此孤立的个体能力。每一种能力
都是复杂的,其中很多相互关联(在第一节的最后我曾谈到过),正是
这些能力的相互作用形成了我所说的"闪烁"。

强调复杂性还可以帮助我们理解另一个问题:我们所思考的能力
不仅相互交织在一起,而且还具有时间维度。这些能力在时间延续中
形成了一个或数个叙事。这对于个体自主性来说特别明显,这种能力
的关键就在于主导自己的生活过程。这对道德能力也同样适用,道德
能力不仅是指在某个特定时间点上瞬间作出道德判断和决定,而且包
含了长时间的思考、商议、咨询、培养道德感、获得和运用道德经验等
等,更不用说道德能力的发展、培养、坚持和令人振奋或痛苦的经历
了。即使合理性本身也不仅仅是这种或那种计算,或是这种或那种对
理性的回应。人们对理性的回应具有时间维度,理性和合理化弥漫在
人的生活过程中,拓展了人的生活。人们能够不断提升自己的能力回
应理性的要求。

在所有这些中,特别重要的是提醒各位注意这个老生常谈的问
题,平等的主体应该是人,不是暂时性的存在物,而是一个具有时间维

度、随着时间推移而延续的存在物。从本体论上说,我们所讨论的平等关乎的是整个生命的平等。我们的价值、尊严,以及一个人的价值和尊严与另一个人的价值和尊严之间的平等是人的生命的特征——当然,每一个时刻都有意义——但我们应该关注的是整个生命的历程,而不是从某个瞬间抽离出来的存在(这一点对于我在第六讲讨论儿童和缺陷者问题特别重要)。

所有这些都与我之前所讨论的"闪烁"问题有关。我们在运用这些能力中所取得的成果也会随着时间的推移而扩展,我们的注意力同样也会随着时间的推移而来回变化。因为我们感兴趣的是这些范围属性的标量方面,不仅仅是以评分或判断的方式,而是以关注诸如成长、成就、诚信和遗产,以及各种错误、失败、性格缺陷、忏悔、重建等的方式。在我们对范围属性的选择和关注中,这些都不会被落下。范围属性通过强调平等、价值和尊严的基本要求来发挥作用。但有时,范围属性也通过为能力的锻炼和提高提供机会而发挥作用,在日常生活中这些能力对我们来说很重要,因为范围属性在基本平等的人群中长期存在。

第五讲　平等的宗教基础？

我演讲的主题是平等，这意味着无论人们之间存在多大差别，无论以什么样允许的或非允许的方式对待他们，他们都是彼此对等的。到目前为止，我对平等的论证主要还是世俗性质的。当然一些地方也暗示了一些宗教论证——比如，以斯多葛主义论证理性能力，在一些地方引入了上帝按照自身形象创造人。① 但在第三讲和第四讲中，我们主要关注的是人的自然特征、社会特征和道德特征，没有真正思考人的超验意义。我们试图寻找一些人所说的主导属性②，我们已经讨论了这些主导属性应该是什么。我们主要关注的是理性特征和道德特征，即使引入了形而上学因素，比如康德关于我们在本体界的道德

---

① 参见第三讲第四节。

② John Coons and Patrick Brennan, *By Nature Equal*: *The Anatomy of a Western Insight* (Princeton University Press，1999)，39

力量,但这些形而上学要素并不见得具有宗教意义。^① 当讨论阿伦特和她的"创生"(natality)思想时,也就是每个生命来到世间就是一种伟大的可能性时,同样如此。^② 然而一直以来,我们已经意识到——对我来说非常适宜,对于我的一些读者来说就未必了——各种宗教主题和宗教版本的平等已经暗含于此,等待我们的关注。我将在本讲讨论这个问题。

在我们的思想传统中,对于人类平等的宗教论证非常普遍。千百年来,人类平等植根于人类与上帝关系的信念已经耳熟能详。^③ 据说,我们在上帝眼中都是平等的,我们是按照上帝形象被创造的,承蒙了他的恩典,正如洛克指出的那样,我们每个人奉上帝之命来到这个世界,因他的使命而生。^④ 上帝不仅爱那些有权势的人,而且爱那些穷人和不受尊重的人。并且,我们需要根据我们的宗教信仰——我们中的很多人仍有这种信仰——在伦理生活和政治生活中,处理人与人之间的关系时回应这种爱的平等性。

---

① Immanuel Kant, *Groundwork of the Metaphysics of Morals*, in *Practical Philosophy*, ed. Mary Gregor (Cambridge University Press, 1996), 97 – 108 (4: 450 – 463).

② 参见 Hannah Arendt, "What Is Freedom?," in *Between Past and Future: Six Exercises in Political Thought* (Viking Press, 1961), 169。

③ 我对洛克的相关论述参见 *God, Locke, and Equality: Christian Foundations of Locke's Political Thought* (Cambridge University Press, 2002)。

④ John Locke, *Two Treatises of Government*, ed. Peter Laslett (Cambridge University Press, 1970), 289 (II, §6).

第 一 节

正如我说的那样,对于我们中的一些人来说,人的尊严和这种尊严基础上的平等植根于人与上帝的关系,或者植根于人性的某些方面,这些方面对于上帝或人与上帝的关系非常重要。似乎非常明显,人的价值和尊严植根于神学人类学,植根于对人性的宗教解释。人们试图将尊严建立在究竟什么是人的基础上。对于宗教信徒来说,神学人类学最深层、最严肃地讨论了人的形象和什么对人来说是最重要的。

我非常熟悉这些观点,下面的大部分内容源于我的英国国教徒背景和我对犹太教-基督教传统的了解。但在学术写作中,对于将个人信仰带入到传统政治哲学问题中去人们总是很犹豫。人们总是羞于这样做。我在本讲中也将探讨一下为什么会产生这种犹豫与羞怯。当然,这并不会排除宗教论证:我将在第六节到第九节集中给出肯定性论证的要点。但这些肯定性论证也包含了不少顾虑——对于宗教论证在理智上能否得到尊重的顾虑,对于我们的宗教传统能否有助于论证的顾虑,对于在信仰多元化社会中将特定宗教论证引入政治哲学是否恰当的顾虑。只有对这些顾虑有了真诚的解释后,我们才能赋予宗教论证以积极意义。

第 二 节

许多哲学家倾向于把宗教中关于人类平等的说法斥为迷信的无稽之谈。他们认为,如果我们想要一个平等理论,我们应该以一种纯粹世俗的方式来构建。这部分源于对公共理性的完整性和相互可及性的关注：当一群信徒的听众不认同他们话语中的任何预设时，他们如何能公开论证基本平等的主张？我将在第十节谈及这个问题。但这种不屑一顾的态度也受到了一些更实质性的因素的推动，比如理查德·道金斯（Richard Dawkins）、丹尼尔·丹尼特（Daniel Dennett）、山姆·哈里斯（Sam Harris）以及最近的菲利普·基切尔（Philip Kitcher）等思想家的著作中所提出的对宗教论点的强烈而根深蒂固的怀疑。①这些哲学家和科学家们认为，如果放弃宗教概念，我们的伦理学和政治哲学在理智上将会得到更多尊重。

　　但在吉福德讲座背景中，特别是考虑到吉福德勋爵的捐赠②，我们不得不讨论这个主题。我并不是说放弃道金斯等人是错的，我的意思是说，我们必须面对宗教论证可能带来的一切问题，包括伦理上和理智上所带来的挑战。

　　至少，我们应该弄清楚放弃道金斯、丹尼特、哈里斯和基切尔等人建议的那种宗教理念会带来什么影响。如果采纳他们的意见，在论证

---

① 参见 Richard Dawkins, *The God Delusion* (Mariner Books, 2008); Daniel Dennett, *Breaking the Spell*: *Religion as a Natural Phenomenon* (Penguin Books, 2006); Sam Harris, *The End of Faith*: *Religion*, *Terror*, *and the Future of Reason* (Norton, 2005); Philip Kitcher, *Life after Faith*: *The Case for Secular Humanism* (Yale University Press, 2014)。

② 吉福德在 1886 年设立讲座的目的是："在最宽泛的意义上'促进、提升、教育、传播自然神学的研究'，也就是，'关于上帝、无限者、大全者、第一和唯一的动因、唯一者和唯一实体，唯一的存在、唯一的现实、唯一的实存的知识，关于他的本性和属性的知识，关于人类和整个宇宙关系的知识，关于伦理或道德的性质和基础，以及由之产生的义务和责任的知识。'"参见 *Trust, Disposition and Settlement of the late Adam Gifford, sometime one of the Senators of the College of Justice, Scotland, dated 21st August 1885*, http://www.giffordlectures.org/lord-gifford/will。

人的价值、尊严和基本平等时清除掉宗教色彩，那么在多大程度上清除也是一个值得探讨的问题。我知道有些人认为，离开宗教同样可以完美表达和捍卫人类平等的尊严。他们可能是对的，很多人信奉人的尊严，但不认同我所提到的宗教世界观。用胡果·格劳秀斯（Hugo Grotius）的话说，这些人否认上帝存在或上帝对人类事务感兴趣，但仍相信人类事务是重要的，并且是同等重要的。① 其他人则不同意这种观点，他们认为，人的尊严和人与上帝的关系是一个不可分割的整体——他们想把这个整体统统抛弃掉。他们认为人的尊严本身就是一个非理性的宗教概念，它会使原本清晰的道德思想变得混乱。

我们必须严肃认真地讨论这后一种观点。事实上，如果放弃宗教观念，我们的伦理观念很难是完整的。打个比方说，这就像从一本平装版小说中撕下一页：当你撕下一页时就破坏了装订，其他很多页就将散落在地上。所以我们必须追问，人的尊严、价值和基本平等在多大程度上与宗教观念相关？如果清除了上帝创造说、上帝的形象和基督教的爱，等等，还剩下什么？ 一些反对宗教立场的人——我指的是史蒂文·平克（Steven Pinker）（他写了一本书《我们本性中更好的天使》，主要讨论的是减少人类事务中的暴力问题）等人②——可能会赞同这种观点。他们说，他们非常乐于放弃人的尊严概念以及我们与上帝关联的论证。正如平克 2008 年发表于《新共和》杂志上的文章《尊严的愚蠢》中指出的那样，尊严是一个"主观的和模糊的概念，其不能

---

① Hugo Grotius, *Prolegomena to the Law of War and Peace* (Bobbs-Merrill 1957), 10 (§11).

② Stephen Pinker, *The Better Angels of Our Nature: Why Violence Has Declined* (Viking Books, 2011).

承受所赋予它的厚重的道德要求。"①他认为尊严这个观念是与原初宗教协会(Primitive Religious Association)妥协的产物,他充满怀疑地追问:"作为世界科学强国,美国是如何利用圣经故事、天主教教义和混乱的拉比寓言来应对 21 世纪生物医学所带来的伦理挑战的?"②

有些哲学家认为宗教思想需要道德思想的支撑,而不是相反。他们认为,首先有人的尊严这个理念,然后再根据这个道德立场选择与之相适应的宗教。当下,很多人根据自己的道德立场选择他们的信仰。我说的并不仅仅是加利福尼亚州的唯灵主义者。康德在《道德形而上学奠基》中也说过,"即便是福音书中的圣者,在人们把他认做圣者之前,也必须事先与我们对道德完善性的理想进行比较。"③我们如何获得作为最高善的上帝或耶稣概念呢?康德认为我们首先从理性获得最高善的概念,**然后**(*then*)将之带入到信仰领域,检验并认可它是一种值得信仰的宗教。否则的话,我们只能从上帝的力量中推理出来。但这种力量实际上是一种复仇,是一种控制,在康德看来,这就"直接与道德相对立"④。德沃金在 2012 年的《刺猬的正义》中表达了与康德相似的观点。他认为没有任何神圣权威能够为伦理观念和道德权利提供依据。因为一旦你提出一个强有力的精神概念,你就需要

---

① Steven Pinker, "The Stupidity of Dignity," *New Republic*, May 28, 2008. 关于《我们本性中更好的天使》中平克的怀疑主义与乐观主义之间是否一致的讨论,参见 Jeremy Waldron, "A Cheerful View of Mass Violence," *New York Review of Books*, January 12, 2012。

② Pinker, "The Stupidity of Dignity."

③ Kant, *Groundwork*, 63 (4:408).

④ Ibid., 91 (4:443).

证明这个精神是一个恶魔还是一个善良精神。[1] 除非你已经在心中有了一系列道德标准,否则的话,你是无法确定的。我们必须正视这种可能性,即德沃金在这一点上是正确的。[2]

第 三 节

一些其他顾虑源于宗教论证自身。我们知道一些基督教神学家们反对基本平等。在第一讲中我们已经讨论了伟大的英国国教徒、牛津大学伦理学教授拉什达尔在 20 世纪初谈到的,我们应该对不同种族成员的生活和幸福给予不同关注。[3](当然拉什达尔的观点并不是建立在宗教基础上的,我的意思是,他的基督教信仰并没有使他免受哲学上的种族主义的影响。)在美国,各种圣经引文被拿来支持奴隶制和种族歧视观点:"劈柴担水的人",等等。[4] 我们也都知道基督教教义、穆斯林教义,甚至犹太教教义中存在着妇女处于从属地位的说法。

所有这些问题都存在着,除非我们对于宗教的选择完全类似于按单点菜(à la carte),否则的话,我们不得不面对这些问题。宗教信徒们认为我们的伦理观念存在于经文中。但这些伦理也可能是令人不安

---

[1] Ronald Dworkin, *Justice for Hedgehogs* (Harvard University Press, 2011), 339 - 344.

[2] 我也应该提到一些基督教思想家所持的观点,他们认为,人的尊严是人的神圣性这个更为坚固的宗教观念的一种淡化的说法。参见 David Gushee, "A Christian Theological Account of Human Worth," in *Understanding Human Dignity*, ed. Christopher McCrudden (Oxford University Press, 2014), 275 - 288。

[3] Hastings Rashdall, *The Theory of Good and Evil: A Treatise on Moral Philosophy*, 2nd ed. (Oxford University Press, 1924), 1: 237 - 238. See Lecture 1, sections 5 - 6.

[4] Joshua 9: 23.

的。经文中存在着很多"令人费解的"教义①,这些教义很难与我们的伦理观念一致。在《本性平等》一书中,孔斯和布伦南认为,我们可以确信,罗尔斯的理论出发点不可能是一些人比另一些人更优越,但宗教教义的出发点却不是确定的。② 这就是宗教:其内在的就是古怪的,谁知道它会将严肃对待它的人引向何处呢?

有些宗教可能反对人类平等或者对人类平等漠不关心。我们都知道,无论基本平等原则的基础是什么,它主要在人们的世俗生活领域中发挥作用。它在我们生活的世界中发挥作用。我们对于基本平等的信念也不是末世论的——尽管这并不意味着不可以将末世论当作基本平等的基础。基本平等原则主要在政治道德和法律领域发挥作用,在权利理论和社会正义理论中发挥作用。所以,我们应该将我们的论证限制在世俗基础上——我将在第十节主要讨论这个问题。即使我们不接受公共理性的限制,我们仍必须面对世俗取向与宗教基础可能并不一致的问题。比如,为什么宗教必须对所有人的平等感兴趣? 这个问题在部分意义上是修辞学的。宗教有着其他关切:它们关注崇拜、教义、来生,等等。③ 它们必须关心人的尊严和基本平等吗? **我们**(*our*)对自身的关切也未必是宗教的关切。宗教可能教导我们关注其他事情,也就是宗教事务。

我们这些信徒们倾向于将宗教与道德联系起来。我们认为,如果不是出于对上帝的更深层信念,我们最深层次的道德信念就很难维

---

① 例如,参见 Walter Kaiser et al. , *Hard Sayings of the Bible* (IVP Academic, 2010)。
② Coons and Brennan, *By Nature Equal* , 152.
③ 值得注意的是,基督教信仰的伟大教义——使徒信经和尼西亚信经(the Apostles' Creed and the Nicean Creed)——无论如何也不含任何伦理内容。

持。为什么呢？道德从根本上说存在于我们生活的世界中，服务于我们生活的世俗世界。相反，我们的宗教信念对于我们世俗的德性和价值没有什么兴趣。① 奥古斯丁在《上帝之城》中对我们所谓的自我规定的理论提出了这样的观点："就凡人的生命而言，它在几天内就结束了，一个垂死的人归谁统治有什么重要的呢？"②类似的说法是，我们在此岸世界的生活是短暂的。对于终将走向衰老和死亡的人来说，将他们在地球上的朝圣之旅视为彼此对等真的有意义吗？或者有什么意义？如果基督教**的确**（*is*）对于平等感兴趣，可能其主要感兴趣的是教会生活中的平等。③ 新约圣经《加拉太书》中的著名篇章写道："并不分犹太人、希腊人，自主的、为奴的，或男或女，因为你们在基督耶稣里都成为一了。"④如果你阅读前面的圣保罗《使徒书》，你会发现"成为一"指的是受洗的人。这个主题并不是关于基本平等的，所以你不可能从中找到任何我们需要的东西。

---

① Joshua Berman, *Created Equal: How the Bible Broke with Ancient Political Thought* (Oxford University Press, 2008), 173. 伯曼认为早期基督徒关注彼岸世界，说明他们从未对此岸世界的等级制感兴趣。

② Augustine, *The City of God* (Modern Library, 1950), 166 (bk. 5, chap. 17).

③ 恩格斯指出："基督教只承认一切人的一种平等，即原罪的平等，这同它曾经作为奴隶和被压迫者的宗教的性质是完全适合的。此外，基督教至多还承认上帝的选民的平等，但是这种平等只是在开始时才被强调过。"参见 Friedrich Engels, extract from Anti-Dühring (1877), in *The Idea of Equality: An Anthology*, ed. George Abernethy (John Knox Press, 1959), 197。

④ Galatians 3:28. 相关的不同观点，另请参阅 Daniel Boyarin, *A Radical Jew: Pauland the Politics of Identity* (University of California Press, 1994), and Sanford Lakoff, "Christianity and Equality," in *Nomos IX: Equality*, ed. Roland Pennock and John Chapman (Atherton Press, 1967), 115—121。

第 四 节

我们似乎迫切想要找到关于平等的宗教论述,似乎如果我们——我们这些信徒——找不到相应的论述,我们会感到失望。为什么?在第三讲中,我提到了伯曼的建议,人类平等的基础需要某种超验属性,因为所有非超验的属性,包括所有自然属性,都只是在不同程度上为平等奠定了基础。① 我说过,我认为这并不是引入宗教权威的好理由,而且,无论如何,我们没有理由说超验因素不同样只是在一定程度上支撑了基本平等。所有人都是按照上帝形象被创造的这一观点似乎能够满足要求,但从神学上看,这个观点也很复杂。在基督教教义中,它似乎确实承认存在着作为圣父形象的耶稣基督与堕落的人之间程度上的差异,在马丁·路德的诠释中,这些堕落的人更"像"是恶魔而不像上帝。②

当然,一些人基于其他原因认为宗教论证是基本平等的一个必要支撑,正如我们在第四讲(第四节到第六节)中提到的那样。我们面临一个巨大挑战:理解和激发基本平等的信念。这需要做大量工作。

首先,我们需要理解**终极**(*ultimate*)价值——也就是在价值秩序中具有优先性的价值。听起来似乎在"基本"平等下面不应该有什么

---

① Berman, *Created Equal*, 168.

② 关于耶稣基督的观点,请参见 2 Corinthians 4:4 and Colossians 1:15。关于路德教会的概念,参见 David Cairns, *The Image of God in Man* (SCM Press, 1953), 131ff. 也可参见 Jeremy Waldron, "The Image of God: Rights, Reason, and Order," in *Christianity and Human Rights: An Introduction*, ed. John Witte and Frank Alexander (Cambridge University Press, 2010), 216–235.

更基本的东西了，但根据我的经验，当你走进一个地下室时，总还有一个根基支撑起地板。当我们寻找范围属性的时候，我们需要找到理解基本平等这个根本理念的方法。这就排除了一些属性。以赛亚·伯林认为，出于功利主义考虑，我们应该信奉人类基本平等。[1] 但这个观点尚存争议，因为在一定意义上说，功利主义本身受到了基本平等的影响："每个人都要算一个，谁也不能超出一个。"[2]所以，我们不能采取这个策略。随着你的深入思考，一些其他熟知的道德依据也被排除了，因为大部分依据就像功利主义原则一样，都是在中间层面发挥作用。正如已经讨论的那样，它们的解释力都不足。但人类生活的宗教方面可能符合这个解释顺序中的优先法则。对于相信这一点的人来说，我们与上帝的关系具有终极意义，这是用来解释基本平等的原因。

其次，为基本平等奠定基础的属性在宽度上必须足够广阔，必须能够支撑起这个价值所应用的各个领域。基本平等需要在政治领域发挥作用，需要在正义领域发挥作用，需要在人权领域发挥作用，需要在人的尊严领域发挥作用，需要在我们计算共同善时发挥作用，需要在我们的社会关系领域发挥作用，需要在理解彼此的需要和利益时发挥作用。我们需要一个概念能够处理我们所面对的大量道德问题和政治问题。人们可能会想，既然上帝对所有这一切都感兴趣——不仅是我们所做的一切，还有我们如何做——也许宗教论证能够为人的尊

---

[1] Isaiah Berlin, "Equality," in *Concepts and Categories* (Princeton University Press, 1960), 81.

[2] 但也可参阅理查德·阿内森文章中的讨论，见 Richard Arneso, "Equality: Neither Acceptable nor Rejectable," in *Do All Persons Have Equal Moral Worth? On "Basic Equality" and Equal Respect and Concern*, ed. Uwe Steinhoff (Oxford University Press, 2015), 31 – 32。

严和平等提供一个统合性的基础。

第三,平等的基础必须足够坚实。这个基础必须足够强大,能够抵御心理上的各种可变因素,比如,对自己或家庭成员或特定共同体成员的偏爱。理解基本平等——这就是我们为什么寻找基本平等所依赖的范围属性——在很大程度上包含理解基本平等原则所能激发的力量。除了心理上的因素,基本平等理念还同时必须在道德上足够有力,能够胜过其他善意的道德原则。比如,某人可能基于结果主义考虑,认为虐待或暗杀一个十恶不赦的恐怖主义者是正义的,好像他"可以被当作狮子或老虎加以消灭,当作人类不能与之共处和不能有安全保障的一种野兽来加以毁灭"①。像人的尊严这样的理想,应该以一种平等的和毫不妥协的方式——至少在原则上——拒绝这些看起来合理的论辩。可能除了赋予人的尊严以神圣的地位,没有其他什么具有这种力量了。

我在第四讲中有一点没有提到。这就是,平等尊严的基础不仅仅必须是终极的、统合性的、在心理上和规范上强有力的,而且在我们的道德思想中还必须具有一定的恢复力(resilience)。哲学家们已经习惯了反思平衡(reflective equilibrium)方法。通过这个过程我们将抽象的普遍信念与对特定问题的判断结合起来,并对这两个方面进行修正——一方面重构我们的原则,另一方面放弃或修正我们的一些深思熟虑的判断。希望我们最终会留下一系列我们可以坚守的深思熟虑的判断,这些判断是对一系列原则反思平衡的结果。② 在这个过程中,

---

① 这段话引自 Locke, *Two Treatises*, 292 (II, §11)。
② 关于反思平衡的讨论参见 John Rawls, *A Theory of Justice*, 2nd ed. (Harvard University Press, 1999), 18 - 19, 40 - 46。

我们认为这些基本原则都是"我们的"——根据反思平衡的要求作出改变和修正。这样一来,我们还能说这个结果是客观正确的吗? 可能可以这样说。但如果是这样的话,客观性就是一个贴在我们反复思考产物上的标签,贴到我们试图寻找令我们满意的立场上的标签。由此,"客观性"在很多语境下是一个有问题的术语。但这表达了另一层含义,客观性表明了最深层次原则的不可妥协的、不可协商的性质。**我们**(we)不可以支配这些规范,也不可能擅自篡改这些规范。① 我们需要做到的是尊重这些规范。并非所有道德规范都是这样的,针对有些规范,我们需要做大量建构性的工作。但有些道德原则的基础的确具有这种不可妥协的性质,所有人的基本平等就是这种道德原则之一。我想知道,基本平等的宗教基础是否恰当地表征了这种客观的恢复力形式。如果我们面对的是上帝的命令,面对这些供我们考虑的原则,我们可能就会比一般道德哲学家们更加容易顺从这些原则。

我已经提出了四个要求——深度、宽度、力度和不可妥协性——这些是必然存在基本平等原则的宗教基础的依据。这些论证还不足以令人信服,但值得我们进一步思考。我们不能贬低世俗思想家们思考这些问题的深度。同时,这也表明宗教论证并不仅仅源于某种历史学的好奇。毫无疑问,很多例证都表明了这种思考的严肃性和必

---

① 这些改写自 Jeremy Waldron, "What Can Christian Teaching Add to the Debate about Torture?," Theology Today 63 (2006)：338,再版于 Jeremy Waldron, *Torture, Terror, and Trade-Offs*：*Philosophy for the White House* (Oxford University Press 2010),269 - 270.

要性。①

第 五 节

也就是说,宗教论证有时达不到理智的严肃性要求。根据我的经
验,世俗的思想家们通常比较反感引用经文,好像这就能解决问题。
这些世俗思想家不得不坐着聆听创世纪的故事,被告知我们拥有共同
的血统。根据《密西拿》(*Mishnah Sanhedrin*)法典,在创世的时候只有
一个人,所以,没有人有权对另一个人说,"我的父亲比你的父亲伟
大"②。他们听着亚当和夏娃是按照上帝形象创造的故事——《创世
纪》中的 15 到 20 个词汇③——平等理论就建立在这个故事基础上。
他们听着圣经旧约中的《诗篇》:"人算什么,你竟顾念他?"④或者《先知
书》中的说法,阿摩司和以赛亚对穷人受到压迫的愤怒。⑤ 他们听着耶
稣关心那些身心受损者,明显特别照顾下等人和受到蔑视者。⑥ 更不

---

① 参见 Waldron,*God*,*Locke*,*and Equality*,242 - 243。关于权利理论世俗论证的精
彩讨论参见 Nicholas Wolterstorff,*Justice*:*Rights and Wrongs*(Princeton
University Press,2008),323ff。

② "在创世之时只有一个人,因此没有人有权对另一个人说:'我父亲比你父亲更伟
大。'" Talmud Jerushalmi Sanhedrin,4:5,37a,引自 Abernethy,*The Idea of
Equality*,65。也可参见 Emanuel Rackman,"Judaism and Equality," in Pennock and
Chapman,*Nomos IX*,155。

③ Genesis 1:26 - 27.

④ Psalm 8:4 - 8.

⑤ Amos 2:6 - 7,5:11 - 12,8:4 - 6; Isaiah 3:14 - 15,10:1 - 4,14:30 - 32; 41:17 -
18,58:6 - 8.

⑥ 1 Corinthians 1:26 - 29. 也可参见 Reinhold Niebuhr,*Beyond Tragedy*:*Essays on
the Christian Interpretation of History*(Scribner's,1979),196。

用说圣经中善人和恶人的寓言以及"关于弟兄中最小的一个"的说法。① 最后,他们听着圣经中使徒保罗关于基督教教会中的平等理论。②

我们可以引用这些经文,按照我们的想法进行整合,比如引用《加拉太书》《创世纪》和《诗篇》中的章节、句子来支撑我们的观点,即人类彼此对等。当然,宗教信仰者应该严肃认真地对待这些经文。**我们**(we)不能忽视这些经文。但从旁观者的立场来看,这些引用似乎是任意的或具有偶然性。如果我们引用其他形式的文字,结果会是怎样的呢? 如果将其他教义、段落或篇章神圣化,结果又是怎样的呢? 我们不仅能在经文中找到人类平等的依据,而且也能找到其他观点的依据:一夫多妻制、献祭儿童,等等。如果仅仅是按需引用,那么我们几乎可以证明一切。但这显然不是我们所说的宗教基础。我们不是说仅仅找一些只言片语就能支撑我们的信念,也不是说用一点神学话语就能激活枯燥的理论分析。我们的听众有权要求更多论证。我的意思也不是说避开所有经文,而是说应该将引经据典与理论**论证**(argument)结合起来——这种论证必须是系统的,而不是零星的或机会主义的,必须能够回应基本平等所带来的所有挑战和矛盾。

简单地引用经文最多只能表达基本平等是一个神圣命令:从天堂中发出的声音,"平等对待彼此"。这可能就是人们所能想象的:仅仅是一个命令。《诗篇》的作者问道:"人算什么,你竟顾念他?"③上帝可能回答说:"没有理出。"通常一些没有宗教信仰的人认为宗教论证就

① Matthew 25:31 – 46.

② Galatians 3:28.

③ Psalm 8:4

是一些神圣命令,这些论证是任意的和主观的。在一些具体案例中,引经据典而不是提供依据或论证的确是解决问题的策略,比如我在第六讲将要讨论的问题:严重缺陷者问题。很多人认为即使这些人缺乏一些作为平等基础的属性,但他们仍具有平等的尊严和地位;严重缺陷者保持着平等的人格尊严,因为他们不用努力,也同样得到了上帝的恩典。这里的关键在于你相信或者不相信这一点,这里不需要任何论证。我在第六讲并不采取这种论证方式,但很多罗马天主教思想家们就是这样说的。

第 六 节

当我们进行更加实质性的讨论时,我们首先需要思考某些消极的宗教观点。这些观点不是直接证明人类的基本平等,而是从如果否定基本平等将会带来什么样的后果出发。比如,在犹太教和基督教中就有很多关于如果树立偶像或英雄崇拜将会带来什么样的不平等的警示。[①] 同样,也存在着一些对于骄傲自大所带来的不可饶恕之罪的警示,对于颂扬不平等可能阻碍了宗教所要求的谦卑和忏悔的担心。这些都警示了某些不平等可能带来的危险。

当然这些警示并不意味着主张不平等就一定是不正确的。一个

---

① 在讨论圣保罗的著作中,汤姆·赖特(Tom Wright)特别研究了使徒对罗马帝国中皇帝偶像崇拜的担忧。参见 N. T. Wright, "Paul and Caesar: A New Reading of Romans," in *A Royal Priesthood : The Use of the Bible Ethically and Politically*, ed. C. Bartholemew (Paternoster Press, 2002), 173 - 193, and N. T. Wright, *Paul: In Fresh Perspective* (Fortress Press, 2009). 也可参见 Niebuhr, *Beyond Tragedy*, 201:"强者在上帝的审判下具有特殊的意义,在所有人之中,他们更容易超越人的动物性的界限,将自己想象为上帝。"

类比分析可以说明这一点。在始于 1571 年英国国教的《三十九条信纲》中,教会建议必须小心翼翼地处理"预选说",因为一种不恰当的"预选说"会带来不堪设想的伦理后果。① 然而,"预选说"总是被认为是正确的。事实表明,这种警示并不意味预选说就是错误的。这种类比也适合于不平等理论,尽管出现了拉什达尔那样的特殊案例。

或者——仍然是消极的方面——基本平等的宗教例证可能涉及贬低或怀疑那些珍视平等的人通常衡量平等的尺度。智力优秀程度的不平等可能会受到批评,理由是宗教信仰所包含的各种信念形式并不一定依赖于世俗智慧。从世俗的角度看,信仰可能是"愚蠢"的,但它仍然深受重视。② 但我不认为这种批评能站得住脚,因为,基督教和犹太教传统同样高度评价人类理性。在另一层面上,不平等包括道德德性或道德水平的不平等(我们都倾向于认为我们自身是好人,并与坏人形成鲜明对比)。但每个人都具有原罪的教义可能使严格区分正义与罪恶不再可能。或者,即使在原罪之外,道德的谦恭也被视为一

---

① 《三十九条信纲》第十七条"论预定和拣选"的第二段是:"凡好奇的,顺从情欲的,没有受基督的灵感化的人,若时常想念神的预定,就必对他们大有损害,因为魔鬼借此必使他们陷入灰心绝望中,或陷入极其败坏,危险无异于灰心绝望的不洁生活中。"参见 Oliver O'Donovan, *On the Thirty Nine Articles: A Conversation with Tudor Christianity* (Paternoster Press, 1986), 143. 对专注于预定论可能带来危险的生动讨论参见 James Hogg's 1824 novel *The Private Memoirs and Confessions of a Justified Sinner* (Words worth Editions, 1999)。

② I Corinthians 1:19 27:"就如经上所记:'我要灭绝智慧人的智慧,废弃聪明人的聪明。'……神岂不是叫这世上的智慧变成愚拙吗? ……犹太人是要神迹,希腊人是求智慧;我们却是传钉十字架的基督。在犹太人为绊脚石,在外邦人为愚拙……因神的愚钝总比人智慧……弟兄们哪,可见你们蒙召的,按照肉体有智慧的不多,有能力的不多,有尊贵的不多。神却挑选了世上愚拙的,叫那强壮的羞愧。"相关讨论参见 Niebuhr, *Beyond Tragedy*, 208 - 212。

种美德。从这个方面说,正如我们在其他地方说的那样,"凡自高的,必降为卑;自卑的,必升为高"①。这些不平等理论大多不是歌颂不平等本身,而是宣扬不平等的某些特定基础的重要性,比如理智水平或德性水平的高低。犹太教或基督教的一个重要贡献在于,对那些不平等的基础提出了质疑。这就是我们提到的用原罪说质疑了道德德性的差异,用看似"愚蠢的"合理信仰质疑了理智水平的差别。

这并不是说这些差别毫无意义,尽管这些差别在基督教理论中的重要性可能不同于它们在世俗伦理学中的价值。比如就道德水平而言,宗教观点就存在着差别:不仅存在着好人和坏人的区分,而且存在着忏悔者和自以为是者的差别。但无论是犹太教还是基督教都没有在这些基础上建立不同人类的本体论差别,也没有对这些人给予不同的关心和尊重。任何人在这些维度上的表现或取得的成就都只是生命轨迹中的一段插曲,对每个人来说都很重要,同样重要。当然,这并不能证明存在不同类型的生活,需要其他人做出不同的反应。

第 七 节

到目前为止,所有这些都还是一些消极性论证,警告人们不要过分重视平等和差别。那么什么是积极性论证呢? 与尊严相关的平等

---

① Luke 18:9 – 14.

的一个重要意蕴在于，平等不仅是缺乏某种东西，或存在可辩驳的假定。① 人的尊严并不是建立在某种分析的默认立场（analytic default position）上的，而是建立在一种实体性论证基础上：在更高层次上、更积极地将所有人的基本平等建立在实体性基础上。

问题是，这个实体性的基础是（*is*）什么？ 一般来说，我们说上帝的存在具有改变一切事物的潜能。特别是如果上帝不仅仅是一个先行者（在狭义的自然神学意义上），而且是一个创造者，其不仅对人类感兴趣——对于他们是谁，他们长什么样，他们做什么——而且能够在人类与上帝之间建立联系。上帝和他的子民（没有性别差别）的关系是每个人超越世俗世界价值的基础，这种关系赋予了人们普遍的地位和命运，这种地位和尊严超越了人们的自由选择和自我理解。当然，上帝是否这样做和在什么基础上这样做是另一个问题，这只有通过引经据典才能解释。这当然会影响到人类平等的意蕴。我在本讲座前面已经说过，一切都是可能的，甚至包括人的彻底不平等。

人的**独特性**（*distinctive*）平等建立在人的重要特性基础上，对此，宗教论证的依据是创世说和命运论。② 以南北战争之前的**斯科特诉桑福德案**（*Dred Scott v. SanDford*）（1856 年）为例，当时美国最高法院的多数法官认为非裔美国人不能成为白人的同胞，他们因种族上

---

① 关于假定的方法请参见 Berlin, "Equality," 84。伯林认为，"如果我信奉等级社会，我可能为特定的人、种姓、阶级或阶层拥有特殊权力、财富或地位作辩护，但对于所有这些，我需要给出理由——神圣的权威、自然的秩序或诸如此类的东西。人们的假设是，平等不需要任何理由，只有不平等才需要理由。"关于赞成平等假设的讨论参见 *Social Equality：On What It Means to Be Equals*, ed. Carina Fourie, Fabian Schuppert, and Ivo Wallimann-Helmer (Oxford University Press, 2015), 167 - 185。
② 关于独特性平等和连续性平等的区分，参见第一讲第七节。

的劣等性只适合当奴隶。约翰·麦凯恩(John Mclean)法官表达了他的不同意见。"奴隶并不是私人财产。他体现了他的创造者的形象，服从上帝和人的律法，他注定是一个无限的存在物。"①在这些讲座中，我已经数次提到了上帝按照自身形象创造人的教义。② 我们在创生时所具有的属性使我们能够以某种方式回应上帝，能够与上帝在一起，或者在世上体现和保持了某些上帝的形象。这种观点表达了人的尊严的圣洁性——每个人因为与最神圣的上帝的关联，都具有无可想象、不可比拟的神圣性。这种神圣性具有"整体性"(wholesale)。

更谨慎地从细节层面上来看：在第三讲中，我们讨论了一系列可能为基本平等、人的价值或尊严奠定基础的属性或能力。其中最重要的是人的自主性、理性、道德思维和行动的能力、爱的能力。我们既可以从世俗的角度，也可以从宗教的角度理解这些能力和属性。只有从宗教的角度展开论证才能改变对每一种相关能力的理解，才能赋予其超越世俗的意义。

（我想要表明的是，在宗教论证中，对每个人来说，这些能力及其运用能够以一种叙事的方式联系起来，从而赋予每个人的生活以独特意义。宗教论证的一个重大贡献在于——就我们的宗教传统而言——这种方式使支撑基本平等的逻辑更加复杂化。）

让我们从合理性开始讨论。我在第三讲（第四节）提到了斯多葛

---

① *Dred Scott v. Sandford*, 60 U. S. 393, 550 (1856), Justice McLean dissenting.
② 基督教和犹太教神学论证已经充分讨论这一教义。例如，参见 Cairns, *The Image of God in Man*；John Kilner, *Dignity and Destiny*：*Humanity in the Image of God* (Eerdmans, 2015)；Yair Lorberbaum, *In God's Image*：*Myth*, *Theology*, *and Law in Classical Judaism* (Cambridge University Press, 2015)。

主义的理性概念及其在人与上帝之间所构成的联系：我们不仅很像上帝，而且这种相似性使我们与上帝建立了联系。这是对我们拥有理性的意义的一种相当极端的宗教解释。更真诚的说法是——如果"真诚"可以运用到超验论证中去的话——人的理性使我们成为处理伦理事务和法律事务最恰当的存在物，比如，我们的理性意味着我们能够成为上帝创造物的管理员，替他管理世界。①

　　我们也可以接受洛克的建议，即至少我们需要一点理性从而认识我们的创造者，理解他对我们的要求是什么。在《上帝、洛克和平等》中，我指出了洛克对这个问题的贡献在于，他提出理解上帝的能力是人类平等的基础，并以此建立了他的理论体系。洛克认为，这不需要强大的智力。人们的智力可能差别很大，但"他们仍有充足的光亮来知悉他们的创造者，来窥见他们的职责，这样，他们最关心的事情就有了保障……我们心中所燃的蜡烛已经足够明亮可以供我们使用了。"②洛克认为任何人都具有抽象能力，能够推理出上帝的存在，能够将上帝的理念与律法结合起来，指导他的行为和未来的发展。上帝已经赋予了他的信徒以理性能力，这种能力轻易地就认出了上帝的存在。因此，我们可以根据谁有这种能力和谁没有这种能力区分不同物种。事实上，这一点可以在理智上推演出人与上帝的特殊道德关联。作为知道上帝存在和因此回应上帝命令的人，人的存在具有一种特殊意义。③

----

① 相关讨论参见 Waldron, "The Image of God," 229 - 231。
② John Locke, *An Essay Concerning Human Understanding*, ed. P. H. Nidditch (Oxford University Press, 1975), introduction, 45.
③ 这些改写自 Waldron, *God, Locke, and Equality*, 78 - 80。

在伊斯兰教、犹太教和基督教传统中,对于上帝的知与对上帝的爱不可分割:"你必须全心全意爱上帝"以及"对上帝全心的爱"。对上帝的爱与对其他人的爱和尊重也不容易分开:我们对每一个他人爱的能力在一定意义上是回应上帝对我们的爱。这些宗教鼓励我们超越自我和自我利益,将他人视为我们的对等者——这些宗教告诉我们,在他人身上看到我们自身的时候,也就是看到了上帝的形象。这里值得注意的还有,这些能力都具有关系的性质。这不仅是个体所具有的特征,还将个体与他人联系起来:对于上帝的知,我们对上帝的爱和对同胞的爱,等等。这些关系能力中蕴含着人的尊严。

我在第三讲中还提到了人的自主性——也就是每个人自主安排他或她的生活,以特定的生活意义和目的内在地主宰生活的能力。这是不可否认的纯粹世俗性的术语。[1] 但在与上帝的关系中,每个人的生活增加了另一种特殊意义。[2] 没有人会单纯地凭一时兴起或根据某种**品味**来获得自主性。最好的世俗论证关注的是人们塑造生活方式的伦理意义和人们根据性格、潜能选择生活的方式。[3] 我不是说从世俗的角度论证自主性就显得肤浅。但宗教论证增加了在上帝恩典下人们的选择的意义。人们被蒙召与上帝存在着关联。一个人对自己性格和才能所承担的义务也就有了更为坚固的基础。观察生命的

---

[1] 拉兹对此展开了特别充分的讨论,参见 Joseph Raz, *The Morality of Freedom* (Oxford University Press, 1986)。

[2] 相关讨论参见 Robin Lovin, *An Introduction to Christian Ethics：Goals，Duties，and Virtues* (Abingdon Press, 2011), chap. 2。

[3] 参见 John Stuart Mill, *On Liberty* (Bobbs Merrill, 1959), 71 (chap. 3); Raz, *The Morality of Freedom*, 378–390。

视域也从死亡延伸到了逝后的荣光。① 尽管每个人的生活方式和生命历程是不同的,但生命中所发生的一切的意义可能是相似的——在相似的范围内——对于每个人来说,都经历着相似的选择、天命、罪孽、忏悔、救赎、拯救等历程。

我们也可以从宗教观点出发来讨论道德能力。在第三讲中,我们讨论了康德的道德理性能力和道德能动性思想。我们思考道德原则并将这些原则实际应用于我们的选择和行动的能力似乎是关于我们最重要的事实之一。这种能力的存在本身——不管其如何运用——似乎确立了它是我们思考平等问题时的一个范围属性。在第三讲中,我们已经指出,康德坚持认为遵守"道德的定言命令,这任何时候都在每个人的控制之中"②。他认为,这种能力表现为高度复杂的伦理推理,还是一个小孩子无法清楚表达出来的直觉,抑或是罪大恶极的惯犯深夜孤独的想法,都无关紧要。③ 康德的论述的惊人之处在于,即使他寻求人类道德能力的最低公分母,可以说,他仍然认为这种能力具

① 我想到了刘易斯(Lewis)在其著作结尾的精彩结束语:"这是一件严肃的事情……要记住,你与之交谈的最愚钝、最无趣的人将来有一天可能会成为这样的存在物,成为一个如果你现在看到他就会强烈崇拜他的存在物,或者成为你现在只会在噩梦中梦见的、令人恐惧的、腐化的存在物。在一定程度上,我们一直在相互帮助中到达一个目的地或另一个目的地……人生而不凡。你与之交谈的绝不是一个单纯的存在物。国家、文化、艺术、文明——这些都是不能永生的,对于我们来说,它们的生命就如同一只昆虫的生命,但我们与之玩笑、共事、结婚以及对之进行斥责和剥夺的人都是不朽的——或遗臭万年,或流芳百世。"参见 C. S. Lewis, *The Weight of Glory* (Harper Collins, 2001), 45 - 46。

② Immanuel Kant, *Critique of Practical Reason*, in Gregor, *Practical Philosophy*, 169 (5:36).

③ Ibid., 169 (5:36), 204 (5:80), 210 (5:88). 亦可参见 Immanuel Kant, *On the Common Saying: That may be Correct in Theory, but it is of no Use in Practice*, in Gregor, *Practical Philosophy*, 288 (8.286)。

有重大意义。我可以引用康德在《实践理性批判》中伟大的名言："有两样东西,越是经常而持久地对它们进行反复思考,它们就越是使心灵充满常新而日益增长的惊赞和敬畏:我头上的星空和我心中的道德法则。"①康德所指的这种能力是一种超验的能力。这种道德自主性理念,不仅仅指自己是生活的主宰,而且指自由意志,也就是任何人在道德问题上都具有与因果律相反的自由选择。

威廉姆斯认为康德的论述就是"一种世俗版本的基督教观念,对于所有上帝子民的平等尊重。"②这个观点未必正确,因为无论是康德的道德哲学还是基督教都强调人们的道德能动性,而不是被动地作为上帝的子民。但威廉姆斯注意到这种关联是正确的。康德将自主的能动性放到了道德生活的中心,这一点与赋予我们的选择以荣光和尊严的宗教观念是一致的。

宗教在激励道德生活方面也扮演着重要角色。康德认为需要假设上帝存在和灵魂不朽,从而在实践层面确保人们的道德行为具有意义。③ 但对于信徒来说,这种宗教色彩是现实的,而不是某种假设。这并不需要基于道德考虑而假设,这也不仅仅是一个外在假设。我们在之前已经提到,宗教提供了一个义务概念,在这个概念下,我们获得了理解自身的尊严,在忏悔中获得了尊严,在审判中获得了荣光。

在所有这些中,我们关注的不仅仅是我们的能力,似乎宗教论证**考察**(*see*)的是与世俗论证不同的特征。宗教信徒从不同的视角看待

---

① Kant, *Critique of Practical Reason*, 269 – 270 (5:161 – 162).
② Bernard Williams, "The Idea of Equality," in *Problems of the Self* (Cambridge University Press, 1973), 235.
③ 参见 Kant, *Critique of Practical Reason*, 139 – 141 (5:4 – 6)。

这些能力,根据他的宗教教义看待这些能力。他相信审判、宽恕,等等,这些信念部分是教义的和命令的。这影响了我们呈现这些能力的方式。我在讨论的时候主要使用第三人称的口吻,比如说,"这是在宗教信徒眼中道德选择的意义"。但宗教信徒同样可以用一种观察者和客观精神的角度看待这个问题。如果我们愿意,我们同样可以说:"如果他是对的话,这就是人的实际情况(case)。"并且——如果这个信徒是对的——这种客观情况对所有人都适合,不管这个人是否是宗教信徒。(正如其他道德哲理一样,宗教伦理也借用了现实主义的机制,当然,这种借用并不是自明的,但道德现实主义的世俗论证同样不是自明的。)

最后一点自我反省的地方是:我几乎没有将这些宗教论证转化为纯粹哲学化论证。[①] 在宗教论证中,我们不可避免地使用"罪恶、救赎、荣光"和"人与上帝的关系"等术语。这些源于我自己对基督教信仰的熟知。这些具体细节会使我的论证走向尴尬之地吗? 我不知道。我写的这些可能会使那些反感宗教论证的人很厌烦、恼火。但另一方面,我并不想通过一些含混不清或模棱两可的方式假装这比实际情况挑战性小。如果本讲的目的就是致力于从宗教角度论证平等的基础,那么我们不妨按照自己的看法来称呼它。我将在第十节中探讨发表这些言论是否有冒犯性,与此同时,读者毫无疑问也会自主决定在何种程度上重视这种宗教论证。

---

① 这个术语源于 Jaco Gericke, *The Hebrew Bible and Philosophy of Religion* (Society of Biblical Lit er a ture, 2012),215。

第 八 节

我已经提出了一些概念：人的神圣化、对于上帝的知、对于上帝的爱和人与人之间的爱、信仰下的生活、不朽、自由意志、道德知识、罪恶的可能性、对自身罪恶的道德取向——忏悔和祈求宽恕；以及广义的救赎。面对这一系列可能性，问题在于我们是否选择其中一种作为平等的宗教基础，或者这些宗教因素是否同样具有我在第四讲中提到的那种复杂性？是否选择这些理念中的一种作为人类尊严的宗教基础：认识上帝的能力、道德能力、个人自主权、爱的能力？我认为没有任何理由支持这种观点，倒是有很多理由支持相反的观点。

第一，越是狭窄地将一种能力作为平等尊严的基础，这种能力就越不能解决平等尊严需要做的广泛工作。我们需要寻找的不仅是某种为人类平等奠定基础的东西，而是人类尊严的基础——可以应用到广阔的道德领域。

第二，每一种相关的能力自身内在地就比较复杂，其运用不仅关涉到所做的事，而且涉及对世界、对他人的存在和行动的复杂形式的敏感性，以及在行动中所揭示的选择的特征。第三，如果将上述任何一种能力与其他能力割裂开来，那么这种能力就会显得是古怪的和毫无保护的（odd and naked）。在神学论证中，我们的道德能力不能与我们对于上帝认知的能力分开，也不能与我们爱的能力分开。我们爱的能力与我们对于上帝的认知紧密地联系在一起，忏悔的能力也是一种转向上帝、恢复对于上帝的知和爱的能力。我们对于自己错误行为的理解与我们的理性联系在一起，当转向他人时，或者转向我们对待他人方式时,我们的理性总是包含着爱,总是会意识到对爱的需要。

所以,我所提到的这些可能充当平等基础的要素不应被视为相互分离。相反,它们**叠加在**(adding up to)一起共同构成了人类尊严的宗教论证。在这个意义上,我们可以将之视为一种格式塔——我们具有上帝的形象可以理解为某种格式塔结构,因为一个形象与其主体间并不仅仅只有一个相似点。① 在我看来,一个宗教思想家可能想要坚持的重要一点是,这其中许多能力——无论是精神上的、道德上的、智力上的、情感上的还是意志上的——都是相辅相成的,并作为我们每个人在这一传统中可能给出的单一描述的一部分,不是作为一种静态描述,而是作为一种动态论证。这种关系性以及所涉及的各种能力和关系,加起来就像一个故事,可以讲述每个人生命的意义。②

所以,例如上帝的形象被珍爱和神圣化就不再是为其自身的,而是表达了人们与上帝的关系,如果事情进展顺利的话,这最终使一切变得可能。③ 在现实生活中,爱他人的能力包含着一种过程的可能性以及这种过程在生活中的实现。对于上帝的知识从孩童式的熟知发

---

① 这一点应归功于 George Fletcher, "In God's Image: The Religious Roots of Equality under Law," *Human Rights Review* 3 (2002): 94 - 95。一个相应的世俗版本参见 Francis Fukuyama, *Our Posthuman Future: Consequences of the Biotechnology Revolution* (Farrar, Straus and Giroux, 2002), 171。福山将人的尊严理解为"一种事实性因素 X,这种因素不能被简化为人们通常所认为的作为尊严的基础的道德选择、理性、语言、社交能力、感觉、情感、意识或任何其他特性。所有这些因素整合起来才构成了这个事实性因素 X"。转引自 Neomi Rao, "Three Concepts of Dignity in Constitutional Law," *Notre Dame Law Review* 86 (2011): 199。

② 希伯来圣经讲述了无数个作为上帝子民的以色列人的命运的故事。相关讨论参见 Berman, *Created Equal*, 142。

③ 因为上帝的形象就是一种历程。参见 John Kilner, *Dignity and Destiny: Humanity in the Image of God* (Eerdmans, 2015), 276。

展成为忠诚的信仰,对上帝形象的直接信仰就不再停留在黑暗之中,而是面向了人与人之间的关系。[①] 犹太教、基督教和伊斯兰教都假定了人的**特殊性**(*specialness*),但这都不是描述了人的某种静态特征或价值属性。它们也不是假定某种所有人都具有的重要属性,而是叙述了可以运用到每个人身上的一种特殊故事、生命历程或者一种叙事的可能性。每个人都被理解为是神圣天职的接受者、信仰的主体、爱的主体或对象、忏悔的主体和救赎的对象。这些都具有过程属性,而不仅仅是某些特性,它们指引我们走向对人的尊严的动态论证。[②]

回到我们的平等主题及其背后的范围属性:我们寻找的不仅是一种或一系列属性(或者一种格式塔结构),人们静态占有这些属性从而赋予了每个人平等,我们应该思考的是每个人具有的共同属性,这就是对每个人都非常重要的创生、生命、信仰、罪恶、忏悔和救赎的故事。每个人都有一个**这样**(*this kind*)的故事,这个过程表征了每个人的生命历程;这个过程的设定者是我们的造物主(the Creator),尽管具体的过程是我们主体自身自由意志的产物——可以说,这就是人的尊严的宗教基础。我们每个人都是这种叙事的主体,尽管具体叙事过程因人而异,但这种可能性的范围——生命历程的可能性——无差别地适用于每个人。

这似乎叙述了恰当的分量与样态。这个故事源于我们存在的深

---

① I Corinthians 13:12.

② 参照 James Hanvey, "Dignity, Person, and *Imago Trinitatis*," 载于 McCrudden, *Understanding Human Dignity*, 221:"人的尊严概念包含了一个目的论……在这个目的论视域中,体现了上帝形象的人不是一种静态的现实,而是一种充满活力的存在物。"

处,源于存在本身。在这个生命历程的故事中,一系列可能性界定了难以想象的高风险。这个故事表征了恰当的范围,因为其几乎涉及我们所做的所有事情。我们的生活方式,我们所思、所说、所做、所希望、与他人交往的方式都是这个故事的环节,都具有特殊的意义。①

我之前说过宗教论证可以使世俗论证更加清楚明白,这种对生命叙事的强调就是方法之一。人类平等的世俗论证者也没有理由拒绝在生命叙事中,而不是在静态描述中寻找相关范围属性。我们通常对于人类平等的思考太过于静态了,好像我们寻找的是某种孤立的特征来为平等奠基,而不是思考多种多样的属性,这些属性结合在一起在每个人的生命历程中发挥作用。对于我们来说,重要的当然是我们作为彼此对等的生命整体在时间中生存。我们在理性、爱、道德能动性等属性的相互补充、相互交织中成长和衰老。我们可能会犯错误并从错误中走出来,每个人的特殊生命都可能遭遇偶然的经历。我们的平等以及与之相应的尊严包含了我们整个生命时间,而不是某一个特殊时刻或特殊片段。

第 九 节

在第四讲中,我已经说过,理解支撑基本平等的能力时,应该在某种能力的范围属性和这些能力运用所表现出来的标量差别之间来回反复闪烁。我在第四讲中强调了我们不能因为仅仅关注基本平等的范围属性,而忽视了规模和程度上的差别。

这一点对于当下语境同样适用。我的意思是,对于特定能力的关

---

① 参见 Charles Taylor, *Sources of the Self: The Making of Modern Identity* (Cambridge University Press, 1989), chap. 13: "God Loveth Adverbs"。

注与这些能力在生命过程中的运用之间来回反复闪烁。当人类平等应该发挥作用时——比如，维护人的尊严、尊重人的权利、保持平等关怀和关系平等——我们主要关注的是人的潜能、能力以及即将展开的故事的共同叙事结构。但为了其他目的，比如，为了比较或判断人们德性的差别，我们感兴趣的是运用这些能力的特殊方式。并且，我们对于个体性的兴趣从未消失。瑞士神学家艾米尔·布鲁内尔（Emil Brunner）坚持认为，我们所有人都是按照上帝的形象被创造的，但这与每个人生而不同并不矛盾："人们之间的差别……就像上帝的意志和创造所带来的人类尊严的平等一样客观存在。"①布鲁内尔继续说道：

> 在基督教思想中……平等和差别这两个要素不是相互竞争的，也不是相互限制的，因为它们属于不同层面。人在与上帝的关系上是平等的，因此在尊严上也是平等的。他们在个体性上是有差别的……所有人的尊严都是相同的，就像他们的命运相同一样，无论他们是男人还是女人、孩子还是成人、黑人还是白人，无论他们是强壮还是虚弱、聪明还是愚钝。他们的最终命运是相同的，他们的人格尊严也必然是相同的。尽管如此，个体差异也不容忽视。②

我相信闪烁概念（正如我在第四讲中提到的）对于我已经指出的叙事论证同样适用。它之所以有效，是因为为了完成不同道德任务，在评价各个特殊个体的生活时，我们需要注意来回反复思考。我一直努力避免以任何一种单一的灵魂实体作为人类平等的基础。我们不

---

① Emil Brunner, "Christianity and Civilization" (1948)，转引自 Abernethy, *The Idea of Equality*, 299。

② Ibid.

是这样的。我们寻找的是一些杂多的、动态的、复杂的东西，这些东西
适合每个人，同时还保持了对于每个特殊个体生命故事的特殊意义。

第 十 节

我在本讲开始的时候已经说了，很多相信人的尊严和基本平等的
人并没有一丁点宗教信仰。他们对我本讲内容毫无兴趣，也认为这些
问题毫不重要，不值得讨论。所以我还必须意识到的问题是：是否应
该停止讨论这些问题？

在公共场合和这些人一起讨论基本平等的宗教观念是否是无礼
的？毕竟，这些人都是我们的同胞，平等和尊严问题对他们而言都很
重要。对于那些相信平等和尊严的人来说，平等和尊严是公众关心的
问题，当然也应该在公共论坛上讨论。我们需要讨论人的尊严和尊严
所带来的权利，我们需要讨论人的平等和平等所带来的正义，我们需
要讨论普遍善和普遍善所带来的民主。这些都是公众关心的问题，是
共同体中宗教信仰者和非信仰者所共同关心的问题。

所以，人的尊严及其平等主义意蕴是社会生活和政治生活的
主导价值——比如《德国基本法》第一条提出此点——并被广泛视
为人权的基础。① 在一些国家，尊重人的尊严也被理解为公共秩序的

---

① 《德意志联邦共和国基本法》(1949)第一条："(1)人之尊严不可侵犯，尊重及保护此项
尊严为所有国家机关之义务。(2)因此，德意志人民承认不可侵犯与不可让与之人
权，为一切人类社会以及世界和平与正义之基础。"也可参见《世界人权宣言》
(1948)："鉴于对人类家庭所有成员的固有尊严及其平等的和不移的权利的承认，乃
是世界自由、正义与和平的基础……因此现在，大会发布这一世界人权宣言，作为所
有公民和所有国家努力实现的共同标准……第一条：人人生而自由，在尊严和权利上
一律平等。"

基本要素。① 在美国,尊严具有宪法价值,尽管在宪法条文中很难找到这个词。② 基本平等的宪法价值主要体现在第十四条修正案中。所以有人可能会说,由于这个问题是所有人都可以参与讨论的公共问题,引入宗教论证意味着这些人绑架了这个议题,因为其他人的信仰和理性与宗教论证没有关系。因此,只有在公共理性的规范下,才能公开讨论人的尊严。如果公共理性的规范禁止或不主张将宗教观点或形而上学观点引入公共话语,正如罗尔斯在《政治自由主义》③中所指出的那样,那么我在本讲中的这些讨论就应该撤回,或者只有当这些论证与世俗论证相一致才具有合法性。从这种观点来看,显然在公共讨论中,与那些认为上帝形象、上帝宽恕或在荣耀中的命运毫无意义的人讨论这些术语将是不礼貌的——当然如果不进行世俗"转化"的话。进一步说,如果我的主张建立这个基础上,那么我不能向我的同胞证明我的主张是合理的,因为他们未必能够理解我说的这些术语。如果考虑到将宗教思想或形而上学思想引入公共生活的选择和讨论中未必恰当这个原因,我在这一系列演讲中讨论这些问题就未必合适,尤其是在这个国立的爱丁堡大学。④

---

① 参见法国最高行政法院对"投掷侏儒案"("the Dwarf-Tossing Case")的判决(Commune of Morsange-sur-Orge, 1995)。

② 例如,参见 *Trop v. Dulles*, 356 *U. S.* 86 (1958) *and Furman v. Georgia*, 408 U. S. 238 (1972)。参见 Gerald Neuman, "Human Dignity in United States Constitutional Law," in *Zur Autonomie des Individuums: Liber Amicorum Spiros Simitis*, ed. Dieter Simon and Manfred Weiss (Nomos, 2000), 249 - 271。

③ John Rawls, *Political Liberalism* (Columbia University Press, 1996), lecture 6.

④ 相关精彩讨论参见 Nicholas Wolterstorff and Robert Audi, *Religion in the Public Square: The Place of Religious Convictions in Political Debate* (Rowman and Littlefield, 1996)。

　　但实际上我并不接受这些观点，理由如下。首先，即使我们接受了罗尔斯公共理性的质疑，这并不意味着我们必须避而不谈宗教基础问题，也不意味着在任何语境下讨论这个问题都是错误的。在自由论证中引用什么是恰当的是一回事，我们自身的宗教信仰是另一回事。我们需要证明我们自身的宗教信仰。进一步说，我们借用罗尔斯关于公共理性讨论应该使用重叠共识概念——在一系列多种观点达成对某些正义原则和共同善的重叠共识①——在这种共识中，每一种观点都具有表达自己的方式和实现重叠共识的路径。

　　我在其他地方已经说明了我们反对罗尔斯论证的理由。② 我认为，公共理性概念有可能扭曲和阻碍了公共讨论，更好的做法是，应该尊重人们最初认识事物的方式，让他们给予尽可能充分的解释，并尽可能充分地证明他们坚持重要公共立场的理由，对于基本平等的基础的问题尤其应该如此。罗尔斯主义者认为，这对于我们的同胞不够尊重，因为公众们不能理解公共讨论的原则（我们希望以此影响公众的生活，甚至是强迫他们）。但是，我在本讲座中所述的故事在字面上无法被世俗公众理解的程度往往被夸大了，而公众不理解——这件事本身的重要意义也往往被曲解了。

　　事实上，我们所生活的公共世界，正如神学家罗宾·洛万（Robin Lovin）所说的那样，是一个"认识上帝和爱上帝的人与只爱自己（或彼

---

① Rawls, Political Liberalism, 133ff.

② Jeremy Waldron, "Public Reason and 'Justification' in the Courtroom," *Journal of Law，Philosophy and Culture* 1（2007）：107 - 134；and Jeremy Waldron, "Two-Way Translation：The Ethics of Engaging with Religious Contributions in Public Deliberation," *Mercer Law Review* 63（2012）：845 - 868.

此）的人混杂在一起”的世界——以复杂的方式混在一起,不允许我们将他们区分为不同的、定义明确的受众群体。那些认识上帝和爱上帝的人有着程度不同的信仰和理解力,本身就是一个混合群体。而那些追求世俗理性的人也是一个混合的群体,他们或多或少地疏远,或者是或多或少地能够理解宗教观念。有时候,他们已经在自己的生活中抛弃了这些曾经熟悉的宗教观念。整件事就是一个混合体。在公共世界中,我们不是和无差别的公众交谈沟通,而是与各种背景的人反复交流讨论。希望所有人都能理解我在本讲中所讨论的问题并不切合实际,但一些只言片语还是比较容易理解的或容易引起共鸣的。人们也能体会到这些概念的深度和特性。[①] 此外,即使是那些世俗思想家也应该对引用宗教论据证明人类平等会带来什么产生好奇——不管我们是否喜欢这样做,人们已经引证了这些论据。这些是我们的遗产,我们的传统,它们值得探究(可以用一种怀疑的眼光,但不能改变值得探究这个事实。)

我想关键问题在于,一些神学人类学研究者已经找到了最深层的也是最容易引发争议的或最深层的、最引人入胜的关于人的形象的论述。其他人可能什么也没发现。但这些已经发现的人至少有义务公开说出他们已经发现了什么。我们可以这样想象:假定我们已经了解

①参见 Jürgen Habermas,"Religion in the Public Sphere," *European Journal of Philosophy* 14（2006）：11。也可参见沃尔德伦的《双向翻译》（"Two-Way Translation"）,其中表明,当某人对人的尊严或（例如）酷刑的非正义给出神学论证时,他可能希望他的同胞支持一种政治立场。但他也可能认为自己只是在见证某种对酷刑的特定观点,表达了只有当非信徒们也能想象与酷刑相关问题的严重性和风险时,这些语言行为才具有可理解性。他可能仅仅是为了警示问题是多么的严重,例如,废奴主义者在 1845 年将美国宪法描述为"与死亡立约"和"与地狱结盟"。

了人们之间(在道德能力或理性或其他什么上)的水平差别,我们倾向于认为这些差别应该是尊重和关心人们的基础。但在行动之前,我们应该听听相反的声音,也就是支持人类平等的声音。对这些宗教信徒,我们将会说:"现在应该看看你们的神学论证,看看这种论证是否支持人类平等这种观点。"毫无疑问,无神论者会嘲笑这一点,会坚信他们的论证已经非常完满。但任何宗教信徒提出的问题未必是不恰当的。相反,假如我们震惊于我在讲座中提到的范围属性和范围叙事的重要性,因此建议人们暂时忽视德性的巨大差别、认知能力和情感能力的巨大差别,那么,可以确定的是,我们已经兼顾了各种论证,而不是仅仅停留在一种论证方式上。

所以,在我看来,每个人按照自己的看法尽可能地给出最充分、最诚实的解释,这种总体策略要优于对这么重要的问题尴尬地进行自我审视的策略。人的尊严、人的平等、基本价值等重要问题是人类最重要的核心问题,人们必须能够在公共场合对每个人大声说出他们认为实现这些真理的最重要的方式。基于这些原因的考虑,我认为引入宗教论证无需道歉。

第六讲　严重缺陷者作为我们的对等者

　　在前五讲中,我们试图从差别和不平等的角度来理解、认清人类价值和尊严的基础,这些价值和尊严使我们彼此对等。我想这个任务绝不是简单直接的,在本讲中我将进一步讨论更复杂的方面。

第　一　节

　　我们仍面临一个挑战,这就是第六讲标题所提到的。我们不仅需要接受人们在日常生活中每天表现出的理智特征、道德特征和精神特征的变化,还需要接受一些极端的差别,这些差别使一些人被认定为不幸的有严重缺陷者。我的意思是说,也许有缺陷者在目前为止论述的那些能力上使一切都发生了变化。本讲座讨论的是那些认知能力严重受损的人的困境和地位,他们遭受严重的精神障碍,思考和推理能力非常有限,这些人几乎无法对照顾他们的人作出反应。这些缺陷的产生,有些是先天性的原因,有些是严重事故或疾病造成的,有些是年迈和老年痴呆症导致的。在很多情况下,我们会讨论渐进式衰退,一个失去的过程,以严重残疾为终点。对于将我们的理想应用于人类大家庭的这些成员,我们该说些什么呢?——这些人似乎缺乏我所说的作为人类平等基础的鲜明特征,或者对于这些人来说讲述独特的生命叙事是极其困难的。

一些哲学家从这些特殊案例出发,否认与其他动物相比人的生命有什么特殊之处。因为这些严重缺陷者当然也是人,并且据说他们并不比大猩猩或狗更理性。人的范围当然包括一些精英人士(像你我一样),但当考虑**整个**(*whole*)人类时,人类的范围就不那么容易确定。这是一些哲学家所说的。在这最后一讲中,我将提出与之相反的观点。我将指出即使考虑到这些令人伤感的案例,我们仍可以坚持基本平等原则。

第 二 节

“有缺陷者”是一个广义的且有争议的概念,也是一个极度敏感的概念(特别对那些当事人而言),我们需要谨慎使用这个概念。① 努斯鲍姆已经指出了各种不同的缺陷。② 在本节中,我将集中讨论一些特殊案例,以区别通常意义上使用的缺陷者概念。

---

① 在残疾人权利运动中,那些捍卫“残障人士的尊严”的人担心“正常”的发展模式和社会建构的缺陷者模式可能会带来暴政。人们还担心,由缺陷所带来的不平等和性别、种族相关的能力不平等之间存在着什么共性。参见 Lennard Davis, "Introduction: Normality, Power, and Culture," in *The Disability Studies Reader*, 4th ed., ed. Lennard Davis (Routledge, 2013), 2。

② Martha Nussbaum, *Frontiers of Justice: Disability, Nationality, Species Membership* (Harvard University Press, 2006), 99.

我将在相对狭义范围上使用"**严重**（*profound*）缺陷者"这个术语，也就是一种或多种能力的严重缺陷——理性、道德能力、个体自主性、爱的能力——我们以这些能力作为基本平等的基础，同时赋予人以尊严。① 我已经遵循罗尔斯将这些概括为范围属性，尽管这些包含各种关系、复杂性和相互关联的能力、叙事的可能性与结构。在之前的讲座中，我有时使用"范围属性"作为这个复杂论证的简写。我使用的"严重缺陷者"主要指阻碍、破坏或取代了作为人类平等基础的范围属性，或者相关属性不能被纳入范围属性之中，或者缺乏某种关键属性——尽管我们从未简单地强调某种单一属性。在严重缺陷者那里，总是意味着某种能力在有机体组织上受到伤害或仅仅残余一些能力。

让我们来仔细讨论。我们所讨论的属性与我们自身并不是分离的，它们有着物质结构或生理上的基本结构，比如语言能力依赖于舌头、喉头等形态结构和大脑的特定功能领域。在严重缺陷情况下，这些领域或特征并没有消失，而是依然存在，只不过是受到了破坏或由于某种原因不再发挥作用。基本结构的存在使我们有权说，这些相关者具有或曾经具有说话的潜能，只不过令人痛心地没有实现。这在我们的讨论（第九节）中非常重要。所以，当我们讨论严重缺陷者时，我并不想将之简单地理解为缺乏了某些能力，似乎我们讨论的是完全不同的生命有机体，这些人只不过碰巧与人长得一样。严重缺陷者的悲剧在于这些通常的潜能曾经存在着，但实际上未能发挥作用。这种潜能不仅仅是生理的，而且具有物质结构。它们的存在不仅仅是可以想

---

① 由于对人类平等的不同论证强调了不同能力，因此对相应的严重缺陷的理解也有所不同。

象的,而且可以追溯它们发生缺陷的偶然性和原因。

以这种方式讨论严重缺陷者需要与在其他情境下使用的"缺陷者"区别开来。许多人被视为残疾人、有缺陷者,但毫无疑问,他们符合人类正常的功能范围。我所说的"缺陷"(带或不带引号),是指诸如耳聋、侏儒症和唐氏综合征。在这些情况下,毋庸置疑,他们的相关能力在平等所应基于的属性范围之内。我遇到的患有唐氏综合征的年轻人过着与众人不同的生活;侏儒症患者会表现出显著差异,这可能与人们使用"差异"一词的其他方式相对应,也可能不对应。① 那些天生失聪的人可能会努力使自己和周围人过着一样的生活,或者他们会完全沉浸在聋人社区中并以这种方式生活。② 这取决于他们自己。我的观点是,这些生命的特点是平等所基于的能力。这些生命同样闪耀着独特的人类重要性,有时甚至是伟大的。(我想到了斯蒂芬·霍金的例子。)但对于这些严重缺陷者,尽管我们可以尝试,却无法按照这些思路提出令人信服的差异案例。而这些就是本讲所涉及的案例。

我们真的需要在严重缺陷者和普通缺陷者之间划出清晰的界限吗? 我并不这样认为。当然存在着一系列不同情况:彻底的功能丧失、几乎不发挥功能、很大程度上损害、部分损害等各种程度上的差别,也存在着一些边缘案例,我们不太确定要采取何种方法。我的观点是,如果我们讨论的是一些边缘案例,我们应该轮流使用严重缺陷

---

① John Rawls, *A Theory of Justice*, rev. ed. (Harvard University Press, 1999), 444.

② 事实上,所谓的缺陷者的社会模型把周围社会环境作为缺陷者陷入困境的关键因素,这些周围社会环境是按照有利于其他人的利益而构建的。对社会模式的批判性讨论参见 Adam Samaha, "What Good Is the Social Model of Disability?," *University of Chicago Law Review* 74 (2007): 1251–1308。

者和普通缺陷者这两种方法加以考察。我们需要使用双轨制的分层方法,尽可能地在差别原则下讨论这些边缘案例。我们保留这场讲座中所讨论的严重缺陷者问题,以应对那种方法被证明无效的情况。

在政治哲学和道德哲学中,人们越来越重视严重缺陷者问题。①彼得·辛格说过:"道德哲学能够而且应该回应认知缺陷者所带来的挑战。"②我也认为,有时候关于认知缺陷者的思考应该挑战我们研究道德哲学的方式。③ 这就是我将要证明的。

第 三 节

我的一个主要任务就是反驳《动物解放》的作者、任教于普林斯顿大学的澳大利亚籍著名哲学家彼得·辛格的观点。我在之前已经提到,一些伦理学家把人类中严重缺陷者的观点的存在视为否认一个论点的依据——我们将这一论点称为"独特性平等"——即人类在区别于其他动物的基础上彼此对等。这或多或少就是辛格的立场。辛格的方法有时被称为"边缘案例论证"。不熟悉这种论证方法的人可能对这种方法很恼火,但反驳这种立场首先必须明确表达我们自己的立场。让我们开始讨论吧。让我们首先思考"自我意识、自主性或其他

---

① 劳伦斯·贝克(Lawrence Becker)指出,"必须根据是否关心照顾严重缺陷者和补偿这些关心照顾严重缺陷者的人来检验每一种正义理论"。参见 Lawrence Becker, "Reciprocity, Justice, and Disability," *Ethics* 116 (2005): 9, citing Eva Kittay, *Love's Labor: Essays on Women, Equality, and Dependency* (Routledge, 1999)。

② Peter Singer, "Speciesism and Moral Status," *Metaphilosophy* 40 (2009): 567.

③ 例如,有论者认为:"缺陷者的生活经验可能成为影响和批判哲学理论的方式,特别是自主性理论。"参见 Carolyn Ells, "Lessons about Autonomy from the Experience of Disability," *Social Theory and Practice* 27 (2001): 599。

我们熟知的区分人与其他动物的特征",辛格教授请我们"注意那些智力上有缺陷的人,这些人比其他动物的自我意识或自主性更弱。如果我们以这些特征作为区分人与其他动物的标准,我们就把能力不足的人放到了动物那边去了,如果以之作为道德地位的标准,那么这些人可能从属于动物的道德地位,而不是人的道德地位"①。

但辛格教授指出,很少有人会接受这个结论。他直白地写道:"我们谁也不想用智力上有严重缺陷的人做痛苦的实验,或者为了满足一些美食家对品尝一种新型肉类的兴趣而把他们养肥。"②但我们会对动物这样做。为了缓和论述的尖锐性,辛格教授指出他论证的目标是"提升动物的地位,而不是降低任何人的地位……我希望我们能坚定这样的信念,即以这种方式对待有智力缺陷的人,将其转移到具有相似自我意识水平和相似承受痛苦能力的非人类动物身上是错误的"③。

客观地说,我认为边缘案例论证是机会主义的。这种观点认为,如果我们凭借直觉认为有缺陷的人也具有人的地位,我们将会发现我们无法排除其他动物也具有这种地位。如果我们的思考做到逻辑一致,我们就必须或者将其他动物也接纳进来,或者排除严重缺陷者。这就是边缘案例论证的结论。我说这种论证可以称为是机会主义的,我的意思是说,人类平等理论处理严重缺陷者问题时却带来了重新思考动物权利这另一个问题。

辛格肯定是正确的,他坚持认为我们应该始终如一、毫不回避地处理这个问题,把我们用来理解人类缺陷者案例的任何分类方案的

---

① Peter Singer, *Practical Ethics*, 3rd ed.（Cambridge University Press，2011），66.
② Ibid.
③ Ibid.，67.

好处也拓展到所有其他有感知能力的独立存在体身上。否则,任何关于独特的人类平等的论述都将是武断的和居心不良的。

　　为了更清楚地揭示边缘案例论证的细节,我们可以思考在第三讲中讨论的那些作为基本平等基础的属性。我在那一讲里说过,对于人的尊严和平等价值的论证,需要处理人们之间的程度差别。当思考道德地位的基础时,我提到了我们共同的感知情感的能力,但人们感知情感的方式和程度却是不同的,有些人几乎不具有爱的能力。我强调了理性的重要性,但人们的理智水平和洞见能力也存在着差别。我提到了道德能动性,但人们接受道德教育的程度和道德品质的坚毅程度并不相同,对于道德价值和道德原则的熟悉程度也不相同,更不用说个人道德生活质量的参差不齐了。我提到了个人自主性,但人们不仅具体生活不同,而且长期积累所形成的"生活方式"也不同。有些人不断地改变决定,另一些人则设计出整个人生计划的远景。程度上的差别总是存在的,并且只要承认这些程度上的差别,我们就必须追问:平等是如何建立在这些可变的基础上的?

　　为了解决这个问题,我跟随罗尔斯的步伐,引用了范围属性概念。① 考察人们道德生活或理性生活的差别,我们需要界定范围属性的最低限度。例如,这里重要的是在这个范围之内,而不是在这个范围内的具体位置。我们经常这样处理法律问题。在第三讲第一节中,我举了一个苏格兰的例子。我说斯特灵市或多或少位于苏格兰的中心,而著名的格雷特纳格林小镇正好处在英格兰边界上。但在司法管辖权上,斯特灵和格雷特纳格林都**平等地属于苏格兰**(*equally in*

---

① Rawls, *A Theory of Justice*, 506.

scotland）。美国也有这样的例子。辛格教授任教的普林斯顿大学靠近新泽西州的中心，而霍博肯市与纽约市隔河相望。但在司法管辖权上，它们都**平等地属于新泽西**（*equally in New Jersey*）。位于苏格兰之内、新泽西之内——这就是**范围属性**（*range properties*）。

我们是否可以这样说，当我们关注一些理性的或道德的范围属性时，理智程度或道德能力的差别就不重要了呢？我想我们可以这样**做，只要我们集中关注的是范围属性而不是具体程度的差别**。所以，为了将人的尊严奠定在特定属性基础上，我们不需要说所有人都具有相同的认知能力或道德能力。相反，我们划定一个能力范围——根据具体情况，或者是道德能力或者是理性能力——我们解释为什么（考虑到尊严问题）确定范围比确定个人在这个范围中的位置更加重要。

当我们有了范围属性这个概念后，我们就很容易被下面的结论所诱惑。我们可以充分利用范围属性的弹性优势，由此主张严重缺陷者的生活也是人的生活，他们的价值也是人的价值。我们使用范围属性理解不同人群的范围，这些人群在通常情况下都是正常人，所以我们使用的范围属性涵盖的范围更广，包括了我们说的严重缺陷者。如果需要的话，我们当然应该使用范围属性的弹性，将我们对于独特性的理解拓展到严重缺陷者，理解他们的生活方式，接纳他们运用理性、道德和情感能力的独特方式。出于同样的方法，我们应该将那些有明显缺陷者也纳入其中，如果对这些人的接纳是我们直觉的要求的话。诚然，这样急剧扩大范围可能会导致将那些通常不会被定性为人类的生物也包括进来，只要它们的心智能力在这个范围之内。一只健康的黑猩猩在心智能力上可能与那些严重缺陷者差不多，甚至高于他们。但这就是将所有人纳入范围之内所带来的代价，或者更中立地说，这就是相关范围属性的范围具体化的必然意蕴。所以,我们必须抛弃人的独特性平等。这就是辛格从边缘案例论证所得出的结论。这就是他所理解的"存在一些水平明显低于有意识的、自我意识的、理智的和情感的非人类的人类"①。我们拓展了人类的范围,将边缘人类的情况也考虑进来,但同时,很多其他高等动物也成群结队地进入这个范围之内了。

第 四 节

我在这些系列演讲中的最后才讨论这个问题,不是因为这个问题和其他五个问题相比不重要,而是因为只有在讨论了前面的问题之后,我们才能更好地理解这个问题。我需要理解罗尔斯的范围属性概念(以及与之相关联的复杂性及困难),以便能提出这样一个问题:拓展相关属性范围的范围是否是处理严重缺陷者问题的最佳方法?

罗尔斯并不赞同这一点。他在《正义论》中很清楚地指出,范围属性并**不**(not)能解决那些智力上严重缺陷者对于人类平等所带来的挑战。他认为应以其他方式处理这个问题。当讨论"道德人格能力"时,这也是他所引用的范围属性,罗尔斯指出:"假如某个人生来就缺乏或是由于事故而缺乏必要的潜能,这叫作一种缺陷或丧失。没有哪一个民族或已公认的人类群体缺少这种特性。仅仅离群索居的个人才没有这种能力,或不能在最低程度上实现这种能力,人们在实现这种能力方面的失败是不公正的、贫困的社会环境或偶然性的结果。"②他似

① Peter Singer, "All Animals Are Equal," in *Animal Rights: A Historical Anthology*, ed. Andrew Linzey and Paul Clarke (Columbia University Press, 2004), 167.
② Rawls, *A Theory of Justice*, 506.

乎在暗示,一旦一种范围属性确定下来,这些零散的案例就可能会作为与广泛的人类范围有关的悲剧来处理,而不是拓展范围属性的外部边界将之吸纳进来。他暗示处理这些案例的理论必须足够复杂和具有敏感性,必须对道德理论,特别是权利和正义理论展开特殊论证。只有当我们(使用一个范围属性)独立处理这些普遍潜能已经严重缺失的案例时,我们才能真正解决这些问题。所以我们需要范围属性概念,尽管——我认为——我们并不仅仅使用这个概念来处理这个问题。

罗尔斯没有彻底解决严重缺陷者问题,而是选择了无限期地推迟,因而受到了一些人的批评。[①] 据我所知,他从未对此作出回应。但我想他论证的逻辑是对的,即使他自身对第二阶段也只字不提。我认为说罗尔斯回避了这个问题是不公平的,尽管辛格可能是对的,这里提出的挑战是如此令人不舒服,以至于避而不谈往往被视为最简单的解决方法。就罗尔斯而言,他已经做得足够多。这个世界上有成百上千的优秀哲学家;像罗尔斯这样已经在政治哲学方面做了很多贡献的人,可能有理由期望其他人接受这一特殊挑战。

第 五 节

我在讨论了宗教问题(第五讲)之后才讨论这个问题。吉福德讲座的背景略具宗教色彩。吉福德主教在 1885 年设立这个讲座

---

① 例如,参见, Nussbaum, *Frontiers of Justice*, 108ff.; Peter Singer, *Animal Liberation: The Definitive Classic of the Animal Movement* (Harper Perennial, 2009), 240。

的目的在于"在最广义上提升、促进、教化和传播自然神学的研究"①。因此有人建议，我们只有引入宗教论证才能解决这个问题。②但这感觉是一个绝望忠告（a counsel of despair）——诉诸天外救星（deus ex machina）。我并不同意这种观点。我认为应该在适当的地方使用宗教材料，不恰当地引入宗教论证只会分散我们的注意力，干扰我们的论证。我相信处理严重缺陷者问题并不需要引入这些宗教论证，尽管我在本讲中使用的主题之一——一种叙事的理念，对人的生命历程的叙事理念——在第五讲中同样非常重要。

这里必须要强调的是，我不是蔑视关于严重缺陷者的宗教论证。我也毫不怀疑宗教人士——教会人员——能够给予在上帝安排下的严重缺陷者一系列尊重和特殊关怀。大家都很熟悉基督教的论证。人们可以简单地说上帝爱那些严重缺陷者，严重缺陷者和我们一样都受到了上帝的恩典。上帝的恩典使我们每个人彼此对等。这不是对

---

① 吉福德勋爵设置这些讲座的目的是"在最宽泛的意义上'促进、提升、教育、传播自然神学的研究'。也就是，'关于上帝、无限者、大全者、第一和唯一的动因、唯一者和唯一实体，唯一的存在、唯一的现实、唯一的实存的知识，关于他的本性和属性的知识，关于人类和整个宇宙关系的知识，关于伦理或道德的性质和基础以及由之产生的义务和责任的知识'"。参见 *Trust, Disposition and Settlement of the late Adam Gifford, sometime one of the Senators of the College of Justice, Scotland, dated 21st August* 1885，http://www.giffordlectures.org/lord-gifford/will。

② 辛格对此没有任何耐心。例如，辛格曾谈到"宗教关于'人'的概念的胡言乱语"。参见 Peter Singer, "Sanctity of Life or Quality of Life?," *Paediatrics* 72 (1983)：129。在其他地方，他说得稍微和缓一些："也许有些人对人类生活的价值持一种神学观点，并始终如一地坚持这一观点。如果有这样的人，我们就没有办法反驳他们的立场，没有办法反驳他们的一些神学前提，比如存在着上帝，上帝对生命的价值持有特定的观点。庆幸的是，这样的人比通常认为的要稀少得多。"参见 Peter Singer and Helga Kuhse, "Resolving Arguments about the Sanctity of Life," *Journal of Medical Ethics* 14 (1988)：199。

问题的逃避,而是一种信仰,我们需要尊重这种信仰。问题的关键是我们是否可以给出更充分的论证。

事实上,基督教的方法可以折射出这些演讲中的一些其他问题。在《生命的福音通谕》——生命的福音——中,教皇约翰·保罗二世提出了这样的问题:如果考虑到我们知道有些人的生命很难用这些特征来形容,我们是否可以将人理解为理性能力者、语言能力者、道德能动者或个体自主者? 在通谕的第 19 节中,教皇批评了"那种倾向于**将个人尊严等同于言语上的、明确的交流能力**,或至少是可感知的交流能力的心态"。他说:"很明显,基于这些预设,像未出生的孩子或垂死的人这样的社会结构中的弱者,或是看起来完全受他人摆布、完全依赖他人,只能通过深刻分享感情的无声语言来交流的人,在这世界上就会无处容身。"①保罗二世暗示,我们最好不要将这些能力视为人类平等的关键能力,我们应该坚信上帝对每个人的爱都是平等的,无论是正常人,还是有缺陷者。但我们不得不注意到在通谕的其他地方——很可能是没有阅读过第 19 节的人在看的地方——教皇似乎也乐意坚持人因其理性而与其他动物区分开来。他说上帝已经赋予了我们理性的能力从而使我们与其他动物区别开来,这是上帝形象在我们身上体现出荣光的一部分。② 我并不是要指出他理论中的矛盾之处。我只想表明我们如此强烈地关注我们的道德能力——合理性、语言、爱的能力和自主能力——不可能如此轻易就抛弃了关注的理由。它们是

① Pope John Paul II, *Evangelium Vitae*, §19, https://www. ewtn. com/library/encyc/jp2evang. htm. 相关讨论参见 Jeremy Waldron, *Dignity, Rank and Rights* (Oxford University Press, 2012), 28 - 29。

② 例如,参见 *Evangelium Vitae*, §§31 - 35。

平等主义的理论传统，基督教处理这些问题的方法同样是我们的遗产。

如果不提一些神学家实际上已经相信了类似辛格的论点，那也是错误的。我曾见过这样的论点：高等动物比严重缺陷者更加令人信服地承载着上帝形象。① 任教于韦斯特蒙特学院的罗伯特·温伯格(Robert Wennberg)讲授哲学神学多年，他曾指出"没有必要假定智力明显迟钝者……与正常的成年人一样拥有充分的道德地位"。这表明，正如我在第五讲开头指出的那样，宗教论证并不能保证解决我们的问题。

第 六 节

重要的是，我们给出的解释不应该是或似乎是为了支持独特的人类平等而被操纵的。公开和绝对的物种歧视是行不通的，尽管有些人已经采取了这种论证方式。斯坦利·本(Stanley benn)(另一位澳大利亚哲学家)列举了**作为人类成员**的相关属性。他说："我们尊重人的利益，给予他们相对于狗的优越性，这不是因为他们是理性的，而是因为理性是人的准则。"②理性的各种能力"可能区分了人与其他物种，[但]事实上它们并不是人的资格性条件……这主要源于并不能因为某人

---

① 参见 Malcolm Jeeves, "Neuroscience, Evolutionary Psychology, and the Image of God," *Perspectives on Science and Christian Faith* 57（2005）：170 - 186, cited in John Kilner, *Dignity and Destiny：Humanity in the Image of God*（Eerdmans, 2015），187。

② Robert Wennberg, *Life in the Balance：Exploring the Abortion Controversy*（Eerdmans, 1985），131.

根据自身的规范性标准不具有这些特征,某人就成为其他不同物种的成员"①。但这的确不能证明人的独特性平等,因为(正如辛格注意到的)本的立场虽然支持人的独特性平等,但却明确地回避了这个假设。人们也可以轻松地以这种方式为种族主义辩护。②

我们也不可能使用反思平衡方法来**操纵**(rig)一系列范围属性从而吸纳严重缺陷者,排除其他动物。③(你可以把单位圆想象成一大块瑞士奶酪,以确保只有人类才在其边界线之内。)这给反思平衡带来了恶名。我在前几讲中已经强调了多次,作为一种思考人类平等的方式,我们提出的任何范围属性都必须**有意义**。在第二讲讨论"不定型"问题时,我强调了不可能期盼任何一种范围属性可以独立地理解平等。很明显,任何一种明显被操纵的范围属性不可能独立作出这种解释,不可能理解、也不可能承担起基础属性的任务。

第 七 节

那么是否有任何令人满意的方式可以用来理解将严重缺陷者纳入基本平等的范围,而排斥其他动物呢?

我将通过类比方式讨论严重缺陷者,这就是幼儿或婴儿的例子。事实上在辛格看来,这个例子同样难以处理。他有时将婴儿与严重缺

---

① Stanley Benn, "Egalitarianism and the Equal Consideration of Interests," in *Nomos IX: Equality*, ed. Roland Pennock and John Chapman (Atherton Press, 1967), 69 – 71.

② Peter Singer, "All Animals Are Equal," in *Bioethics: An Anthology*, 3rd ed., ed. Helga Kuhse, Udo Schüklenk, and Peter Singer (Blackwell, 2016), 538 – 539.

③ Rawls, *A Theory of Justice*, 10 – 16.

陷者放在一起讨论：他谈到"大脑受损严重且不可恢复的人和……婴儿"①。或者，他说道："一旦我们追问为什么所有人——包括婴儿、心理缺陷者、精神病患者、希特勒、斯大林，其他人——都具有某种尊严或价值，而大象、猪、大猩猩却不具有。我认为这个问题非常难以回答，因为我们需要相关事实证明人类与其他动物之间的不平等。"②希特勒、斯大林、心理缺陷者和婴儿——我们如何承认他们都属于有特权的人类大家庭，而不承认其他高等动物呢？我在第四讲讨论范围属性与评估具体德性之间关系时讨论过希特勒和斯大林。将所有这些复杂性与一个无区分的"问题"联系起来考察独特性平等，我认为将会一无所获。

但解决婴儿问题似乎是明智的做法，这肯定会帮助我们解决严重缺陷者的问题。因为婴儿也具有严重的认知、心理和道德的局限：新生儿不具备我们认定为人类平等基础的各种思维模式或实践理性中的任何一种。新生儿、两岁甚至五岁的孩子与我们成年人有着明显差别。无论我们拥有什么样的基本人类平等模式，都必须能够涵盖这些情况。有人提出扩大人类范围属性的界限才是解决这个问题的办法：我们降低相关范围属性的门槛，以便将婴儿的认知能力包括在内。但辛格在一旁提醒我们，如果我们把范围拓展到接纳刚出生的人类婴儿，那么一致性就要求我们也接纳海豚和黑猩猩。

但我认为简单地扩大相关范围属性是不恰当的，这主要有两个原

---

① Singer, "All Animals Are Equal," in Linzey and Clarke, *Animal Rights*, 167.
② Singer, "All Animals Are Equal," in Kuhse et al., *Bioethics*, 537.

因。一个关系到(生命)历程,另一个关系到目的论。第一,生命**历程**。辛格的论证方法是一种静态论证,仿佛世界上只有这些不同种类的生物:婴儿、幼儿、成年人、大猩猩,等等。到目前为止,对于这些讲座的本体论,我只简单地使用了**人类**的语言,也即根据当下的能力来界定个体。但对于婴儿来说,问题的关键是他们在不断地成长和变化。他们停留在一定水平上,但他们并不仅仅停留在特定水平上。他们处在充满生机的整个生命历程的早期阶段,他们最终可能会活八十或九十岁。必须考虑这个时间要素,如果我们将人"定格"(freeze‐frame)在某个特定阶段——特别是婴儿阶段,实际上我们每个人都有这个阶段——那么我们对于基本平等的基础的论证就显得非常贫乏。

我们的确在特定时间段上运用我们的能力——尽管运用本身也需要时间。我们不仅仅拥有理性洞见的瞬间,我们不断地思考、猜想、计算和修正。我们不仅仅在瞬间作出道德决定,我们沉思道德问题,有时候数年如一日,我们通常根据某个道德决定一以贯之地行动——或者随着时间的推移不断自我反思和自我调整。我们已经提到过这一点。在第五讲中,我已经引入了时间和时间延续维度,表明人类基本平等的宗教基础不仅仅取决于能力,而且取决于叙事结构——信仰、道德知识、原罪、后果、忏悔、救赎、拯救,等等——不仅仅包含各种能力的持续性运用,而且包含随着时间延续接受审判、原谅和荣光,等等。无论它是否与宗教有关,任何关于人类平等的哲学论证都应该注意人的生命是一个历程这个事实,在不同阶段——婴儿期、孩童期、成人期、老年期——我们似乎把自己表现为不同类型的人。每个人的生命都是如此。正如伊娃·基泰(Eva Kittay)所指出的,我们都曾在人生的某个阶段处于婴儿的状态。① 每个人的生命都是一个发展历程——不断变化，但根据一个我们熟知的方式理性地发生变化。当我们重视人时，我们所看重的是其整个生命历程。我们重视人的整个生命历程，也重视生命中特定时间片段对我们有什么影响，甚至当我们珍视时间片段时，我们也是在参照整个人类生活，而这些时间片段是人生的一部分。

这些与范围属性概念并不冲突。如果这与范围属性有些不一致，这只不过在于我们需要的是三维的范围属性，而不是二维的范围属性。我们增加了一个从出生到死亡的时间维度。在这个模式中，一个人占有范围属性不再仅仅被设想为一个点在一个圆中，而是被设想为由无数点构成的线从属于无数个圆中（这些圆直径不同，每一个都反映了普通人生命时间的范围属性。）

这能对思考婴儿问题带来什么启发？每个人的生命历程都包含了不同的发展阶段，在每个阶段中都存在着一系列能力——婴儿的能力、幼儿的能力、青少年的能力、成人的能力、八旬老人的能力。出于某种目的，我们可能会比较婴儿和成人的能力——比如，为了研究婴儿成长的需要。但出于人的尊严或人的平等目的，我们不会作这种比较。我认为应该将尊严赋予人的整个生命历程——成长阶段、繁盛阶段、衰老阶段——而不是某一个特定时间阶段。人的平等指的是所有人整个生命历程的平等，而不仅仅是这些历程中某个特定阶段的平等。即使我们关注当下时刻，我们也会说，"当下这个人与所有其他人

---

① Eva Kittay, "Taking Dependency Seriously: Family and Medical Leave Act Considered in Light of the Social Organization of Dependency Work and Gender Equality," *Hypatia* 10 (1995): 8.

彼此对等,因为他当下拥有或者将来拥有或者可能拥有那种生活。"在一定意义上说,人的范围应该足够宽广,从而容纳每个婴儿和每个成年人。这就是人的生命的真实情况。从另一方面说,将一个婴儿与成人的能力阶段相比较是一个范畴错误,至少从伦理的角度来看是这样的。

这个时间维度——以一种生命历程的方式生存——不仅仅是人类的真实情况。这也是其他哺乳动物的真实情况。根据辛格的论述,我们可以将它们与之相比较。对于大猩猩而言,它们同样成长,它们的能力同样具有三维属性。它们同样具有幼儿阶段和成年阶段。如果我们要按照辛格的建议进行比较的话,我们应该比较它们的整个生命,而不是用成年大猩猩与婴儿比较。在这个层面上,任何出于伦理目的的比较,都应该整体地比较一个人的生命与一个大猩猩的生命。或者,如果我们感兴趣的是(are)人的生命时间片段,那么我们应该比较一个新生儿与一只刚出生的大猩猩,或者一只成年的大猩猩与一个成年人。

这还带来了一个需要解决的难题:我刚说的这些对胎儿阶段有什么意义呢?假定胎儿也是人的生命历程的一部分,那么当我们说赋予人的生命整体以价值和尊严时,没有理由否认这整个过程包括胎儿阶段以及婴儿和成人阶段。但这并不必然带来禁止堕胎的法律政策:堕胎政策关涉到的是,应不应该干涉女性身体的再生产。主张堕胎合法并不必然否认胎儿是人的早期阶段。当然用我们关于人的生命历程图景反对堕胎政策也是错误的。同样,仅仅出于政治原因,人们想将类似人类的地位赋予胎儿,从而放弃生命历程的概念肯定是错误的。我们应该尽其所能地给出关于人的生命历程的论证,同样给出什么样的法律赋予再生产权利的论证。

第 八 节

关于婴儿阶段,我强调的第一点是生命历程(我们正在讨论的是婴儿阶段,婴儿相对于其他人、其他动物的地位,作为讨论严重缺陷者的一个类比或替代,我将很快回到严重缺陷者问题。)关于婴儿我想强调的第二点是**目的论**(*teleology*)。这是对我已经讨论的整个人类生命早期阶段的补充。但这一点包含着更为复杂的挑战。

假设我们强调像**理性能力**(*the capacity for reason*)这样的东西是支撑基本平等的相关范围属性,那么,我们在处理婴儿的情况时,可能不是通过拓展理性概念,把一个月大婴儿的心理活动也包括在内,而是通过在婴儿目前的能力和集中于成熟理性的范围属性的范畴内所显示的能力之间定义某种类似目的论的关系。在这里,我受到了哲学家约翰·洛克的启发。洛克将理性作为人类平等的基础,当讨论孩童时,他这样说道:"我承认孩童并非生来就处在这种完全的平等状态中,虽然他们生来就应该享受这种平等……我们是生而自由的,也是生而具有理性的;但这并不是说我们实际上就能运用此两者;年龄带来自由,同时也带来理性。"①这段话很精炼,但非常重要。人类的小孩并不天生就完全具备人的能力;他们也并不天生就具有成熟的理智能力。但正如洛克所说,他们生来就是这样。他们注定是理性的。洛克利用这一点对父母的权威及其约束进行了功能性解释:"父母对子女

---

① John Locke, *Two Treatises of Government* (1689), ed. Peter Laslett (Cambridge University Press, 1988), 322, 326 (II, §§55, 58).

拥有的权力,源于他们负有的义务,即在子女未长成的童年时期照管他们。父母应该做到的,是培养儿女的心智并管理他们还在无知的未成年期间的行为,直到理性取而代之并减轻他们的麻烦为止。"①他说,父母的责任就是培养小孩走向理性,这是他们的义务。

洛克这样说源于他在与一种偏见作斗争,这种偏见认为小孩是父母(可以任意处理)的财产,并且用如此这般理解的父权制作为绝对君主制的基础。我想现代的大部分父母都能理解洛克的论述和父母的责任。面对一个六个月的婴儿,父母亲的对话绝不会是这样的,"多么有趣,长的像人,智力水平像大猩猩"。相反,他们认真地对待婴儿们所展示出的潜能,他们认为自己有义务开发、引导、鼓励、保护这种潜能,以防止这些潜能受到破坏。他们以一种目的论的方式理解潜能。②

这与其他动物相比较会带来什么?这意味着我们能够说婴儿与大猩猩幼崽是不同的,因为根据洛克的论述,前者生来趋向理性的成年人,而后者——大猩猩的幼崽并不天生具有人的理性,而是(用同样的目的论术语趋向)趋向成年猩猩的能力。婴儿具有成为理性成年人的潜能,而大猩猩不具有这样的潜能。任何养育婴儿的人都别无选择,只能从这些方面考虑。

---

① John Locke, *Two Treatises of Government* (1689), ed. Peter Laslett (Cambridge University Press, 1988), 324 (§58).
② 辛格似乎否认了这一点。他说,"我们不应该重视新生儿的潜能。"参见 Helga Kuhse and Peter Singer, "Ethics and the Handicapped Newborn Infant," *Social Research* 52 (1985): 531. 我怀疑他担心,如果我们承认新生儿潜能的重要性,我们就会在堕胎问题上采取不宽容的立场。关于胎儿潜能的讨论参见 Peter Singer, "Ethics and Disability," *Journal of Disability Policy Studies* (2005), http://www.egs.edu/faculty/peter-singer/articles/ethics-and-disability/。正如我在前一节末尾所指出的那样,就我们分析的优先次序而言,这似乎导致了主次颠倒。

我说的是他们发展的**目的**(*telos*)是不同的。这种目的论解释有效吗？辛格并不这样认为，他极力回避讨论任何潜能。① 唐纳森和金里卡认为这种建立在"类的潜能"基础上的论证是一种非常精致的"曲解"，"这种论证在道德哲学和政治哲学的其他领域颇受质疑。"②我也听到其他哲学家们将潜能和目的概念视为迷信——似乎是上帝安排了我们的成长。当然洛克的论证的确具有宗教色彩，但这种论证未必需要采取宗教方式。

首先，我在这里引用的是生物学意义上的目的论。孩子生来就有舌头、喉头和大脑，它们以特定方式发育，除非假设它们是为说话而发育，否则这些发育方式是难以理解的。这里的基本解释是进化论的，而不是神学的。从进化的角度来看，舌头、喉咙和控制它们的神经通路之所以成为现在的样子，是因为发出声音、口头交流和复杂思维过程的外部呈现(对自己和他人而言)的连续阶段，对碰巧发展出使它们成为可能的结构的有机体有利。

生物科学中的功能解释是复杂的，我不可能讨论具体细节。③ 正如菲利普·基契尔(Philip Kitcher)指出的那样，"有机世界充满各种功能，生物学家对这个世界的功能解释是复杂多样的。"④哲学家们对生物学中功能解释的作用一直存在争议。这里重要的是这种解释既不是虚假的，也不是被操控的。正如大家现在所知道的那样，在原则上

---

① 辛格认为，他试图在他的分析中避开"与一个存在物相关的潜能的复杂性问题"。参见 Singer, "All Animals Are Equal," in Kuhse et al., *Bioethics*, 537。

② Sue Donaldson and Will Kymlicka, *Zoopolis: A Political Theory of Animal Rights* (Oxford University Press, 2009), 29。

③ 例如，参见论文 Colin Allen, Marc Bekoff, and George Lauder, eds., *Nature's Purposes: Analyses of Function and Design in Biology* (MIT Press, 1998)。

④ Philip Kitcher, "Function and Design," in Allen et al., *Nature's Purposes*, 479。

我并不反对宗教论证,但这里并不需要宗教解释。这里只需要解释有机体结构的进化和成长,也就是解释它们的生存和再生产的方式(有机体代代相传),这些生活和再生产方式在整个生命体身上不断地延续。语言、感知、认知和推理的能力照亮了个体的各个阶段,而其他动物彻底没有这种能力,无论这些能力源于上帝的触摸,还是亚里士多德的神秘主义解释。他们都有一个有机的基础结构和进化论意义上的叙事结构。

这也不仅仅是一种逻辑意义上的可能性。① 这种论证的基础具有物质性,而不是一种模态(modal)。潜能的性质可以用物质术语来描述,其正常发展历程也可以描绘出来。

诚然,在早期阶段,这些能力的物质基础结构——语言、言说或认知能力——并不发挥作用。语言和理解能力的进化优势在每个人身上是随着时间推移而发展起来的。因此,在人类身上不仅进化出一套能够实现语言和认知的结构和机制,而且伴随着个体成长形成了一系列结构和机制,这一切使语言的认知成为可能。以这种方式理解它们,我们就可以在**完全自然主义的意义上**(*in an entirely naturalistic sense*),不仅把终极目标归于它们充分发展时的结构和机制,而且归于它们有机发展的早期阶段。这就是我在援引洛克时所说的,个体的人类婴儿,与个体的黑猩猩婴儿不同,具有理性的潜能。

当然讨论和理解生物学和人的发展中的功能解释是一回事,赋予相关潜能以价值是另一回事。我猜想辛格将不会否认这种自然主义

---

① Cf. Nathan Nobis, "Carl Cohen's 'Kind' Arguments for Animal Rights and against Human Rights," *Journal of Applied Philosophy* 21 (2004): 49.

的目的论——他怎么可能否认呢?——但我想他想要否认这在伦理论证中有多少分量。我在这里使用目的论并没有赋予任何事物以任何特殊价值,但我使用它质疑了辛格的观点,他的观点是从伦理上说一个成年的大猩猩与人类婴儿(或者严重缺陷者)之间没有任何区别。但实际上两者在目的论上存在着差别。我们对平等和人的尊严的总体描述还有待讨论。

如果说目的论的论证还有什么困难的话,那就是这好像只青睐人的整个生命历程中的一个阶段,好像婴儿的唯一重要性就在于发展到成年人的理性水平。洛克讨论了"孩童的不成熟状态"。相比之下,我们已经认识到尚未发育的婴儿有其自身的尊严和价值,正如老年人也具有价值和尊严一样,即使从理智上和有机体来看,这种潜能结构正在瓦解。我认为把这两种立场结合在一起是可能的——尽管不可否认两者之间存在一些矛盾。我们对孩子的现状充满欣喜,也对她的成长充满欣喜。

第 九 节

目的论的论证可以帮助我们更深入地思考严重缺陷者问题。我们可以举一些简单的例子。鸟的骨头都是中空的,这可以使它们更容易飞行。骨髓缺失的作用是使飞翔成为可能。即使剪掉鸟的翅膀,它们的骨头还是空心的。即使飞行的潜能现在已经不可能实现,我们也不能脱离这一潜能来理解或解释这种骨头的状态。长颈鹿有着长长的脖子,可以够到高处的树叶。即使一只长颈鹿的腿瘸了,站不起来,它还是有长长的脖子。为什么瘸腿的长颈鹿和身体健全的长颈鹿都有长脖子？从进化论的角度来解释，原因是一样的：它们的脖子很长，因为这是它们吃高处树叶的最佳方式。我们不需要以任何神秘主义或理智上充满争议的方式理解潜能，即使是严重缺陷者的潜能。这不仅是逻辑的可能性问题，而且是一种生理结构意义上和生物有机体意义上的可能性。

我们可以依照类似的思路来看待严重缺陷者。他们所遭受的伤害、疾病或遗传缺陷阻止了某些有机结构和特征以进化的方式发展，或在发展时无法履行它们进化的功能。所以他们有这种潜能，这是他们和我们其他人共享的东西。只不过与我们不同的是，他们的潜能受到了破坏或发展受到了挫折。我的观点是我们不可能脱离功能语境考察这些严重缺陷者的性质和意义。

我还记得有一次辛格在哥伦比亚大学做讲座时，讨论了严重缺陷者和功能健全的大猩猩，一位女性听众提了一个问题。她大概是这样说的：

> 我的女儿有严重缺陷，如果不理解这是一个为说话而生却不能说话的女孩，你就无法理解她所承受的缺陷。她是一个为思考而生的人，却不能清楚地思考。她本应能够以神经系统控制运动，却几乎不能行使运动功能。你无法理解她的状况，在某种意义上，她具有语言、理性和控制运动的神经系统的**通路**，而这些通路却不发挥作用。你无法理解她的困境，除非你理解她身上被挫败的潜能。她与一只功能健全的黑猩猩并不一样。

我记不清辛格是如何回答这个问题的。在后来的私下交流中，辛格教授说他记不清这件事了，但他对这个问题的伦理意义提出了质疑。

"这位妇女的女儿具有说话、理性等'通路',这种主观经验能带来什么重要意义呢?"我仍然认为这位听众想表达的是一些非常重要的问题。请注意,她讨论她女儿的潜能和功能,这没有任何神秘主义和神学的色彩。我记不清她是不是提到了宗教。当然,如果我们想要的话,我们可以说上帝赋予了她女儿说话的能力,但她女儿却不会说话。我并不想诋毁这种讨论方式。但这里没有必要通过引入上帝来理解辛格的潜在对话者。这是一种人(human)的潜能,一种(进化论意义上的)人的机体潜能,以一种基础结构在她女儿身上存在着,却受到了损害、阻碍和破坏。严重缺陷者在他们的潜能上来说是人,尽管他们存在缺陷,但仍然是人。

我们的能力和潜能首先具有物质基础和生物学的因素,尽管它们也具有精神的和形而上学的意义(正如康德的论证和宗教论证指出的那样)。这意味着它们的生长首先应该被理解为一个生物过程,它们生长、发展和成熟。这些能力的增长是真实的,它们的衰退也是真实的。我们的生命历程有其负面影响:衰老和能力的衰退是我们生命历程的一个重要组成部分,因此也是我们这些平等主义者赋予其独特价值和尊严的整体生命的重要组成部分。

将生命历程及其潜能联系起来就为我们讨论缺陷者提供了分析框架。回顾我们已经讨论过的生命历程模式,如果想象一下生命历程的每一个阶段都可能包含着各种失常,有机体发展到一定阶段都可能受到损害、产生缺陷而不能进一步发展,那么生命历程就变得更加复杂。这就是我们人类的真实情况。所有人都可能遭遇疾病、老年痴呆、基因缺陷以及由此导致的或多或少的严重残疾等意外事件。这些失常和残疾的可能性是人的境况的一部分。其他物种也是如此——它们也同样容易受到伤害,可能遭遇损伤。因此从伦理上讲,我们不应该认为严重缺陷者属于一个恰好看起来像我们自己的物种。他们每个人都是我们人类的一员;他们**像我们**一样具有潜能,并且**就跟我们一样**,这些潜能是脆弱和易受伤害的。

有人可能会说,如果不理解人的脆弱、失常和衰老就不可能真正理解人的价值。这可能是准美学的观点。① (用电影《我与长指甲》[*Withnail and I*]中演员理查德·格雷弗斯饰演的蒙蒂叔叔的话来说:"没有衰败就没有真正的美。")但不管我们是否以一种浪漫主义的方式珍爱脆弱,这毫无疑问是我们生命的一部分。在第三讲中我们已经看到了它的重要性,托马斯·霍布斯让我们思考"人类身体的框架是多么的脆弱"②。由此,恰当的推论是,必须将我们与那些脆弱的、受到损伤的人统一起来,而不是将我们与他们区分开来。

这不仅仅是潜能未被发挥的问题,尽管这当然是事实。这是关于我们潜能的基础存在和被破坏的问题。这种易受损的脆弱性体现了我们共属的人类的变化无常性。正如辛格所说的那样:"在某人生命的开端,我们不可能知道他会变成什么样子。"③相应地,对任何严重缺陷者的这种脆弱性分析同样**适合我们每个人**。在分析这种可能性时,我不是在想象我可能是另一种动物,而是在想象**我**的能力的结构和有机质——**我的肉体、血液、骨头、神经通路、基因**——可能受到破坏,可能开始萎缩,可

---

① "我们的尊严是某种生物的尊严。没有生命的和不易受到伤害的存在物无法拥有这种尊严,正如一颗钻石不可能拥有一棵花朵盛开的樱桃树的美一样。"参见 Martha Nussbaum, "Disabled Lives: Who Cares?," *New York Review of Books*, January 11, 2001。

② Thomas Hobbes, *De Cive: The English Version*, ed. Howard Warrender (Oxford University Press, 1984), 45 (bk. 1, chap. 3).

③ Peter Singer, "Ethics and Disability: A Reply to Koch," *Journal of Disability Policy Studies* 16 (2005): 130, http://www.utilitarian.net/singer/by/2005—.pdf.

能停止发育和发展。这是人的状况的一部分——我们的物质状况——我们在这些方面是脆弱的。很明显,与我们所有人的这种偶然感相匹配的推论是:这个人,无论她或他存在多大缺陷,都是**我们中的一员**。

第 十 节

我在之前已经说过,讨论有机体功能性质是一回事,赋予它们价值是另一回事。在价值语境中,严重缺陷就是一种**不幸**(*misfortune*)。我们说一个具有语言和理性潜能的人不能清晰地说话和思考就是不幸。我想这没有什么不合适的。① 我们甚至可以说这是一个**悲剧**(*tragedy*):生命有机体有一个发展的前景,但正如人类的其他发展前景一样,它是脆弱的,事实上它会突然遭遇疾病或基因缺陷。这种讨论方式的积极意义在于再次将严重缺陷者与功能健全的其他动物区分开来。正如本(Benn)说的:"我们不能将狗的非理性视为缺陷或残疾,这是它所属的物种的正常状态。"②

我们还可以进一步讨论这个问题。玛莎·努斯鲍姆指出,无论辛格的立场如何,我们都不能否认严重缺陷者也是我们中的一员。我们不应该将其他物种的成员与严重缺陷者进行类比,从而(狡猾地)暗示,即使作为名誉意义上的成员,严重缺陷者也应被认为属于"一个拥有自己正常生活形式的物种;她拥有与她能力相似的同伴,可与他们

---

① 我们必须非常谨慎地使用"不幸"这个词。残疾人权利运动中的许多人抗议通过悲剧或不幸的视角来进行分析。我对此非常尊重。然而,对于严重缺陷者来说,使用"不幸"这个术语没有什么不合适的。

② Benn, "Egalitarianism and the Equal Consideration of Interests," 71.

构建起性关系和家庭关系；她周围有具有类似能力的物种成员，可以和他们一起玩耍和生活"①。

　　无论从社会角度、基因角度、潜在角度还是脆弱性角度来看，有缺陷者都是我们中的一员。正如努斯鲍姆所指出的，有缺陷者周围的人没有她的缺陷。对她来说，生活在能力与她不同的人中间并不是一种不幸。正是来自他人的尊重、关心和爱支撑着严重缺陷者。每个遭受与人类平等相关的一系列范围属性损害的有缺陷者都与拥有这些属性的人有关，从这个意义上说，严重缺陷者属于人类共同体。除了她们所属的人类共同体外，**没有其他**的共同体来照顾她们。严重缺陷者不可能受到辛格所类比的黑猩猩的照顾，或者——更直白地说——也不可能和黑猩猩生活在一起，或者像它们一样生活。此外，有缺陷者所依赖的亲缘关系与一般情况下的人类亲缘关系一样重要：父母谈到有缺陷的女儿时说，"这也是我的孩子"，就像其他没有缺陷的子女一样。这往往是一个爱的问题。我们在这里谈论的是悲剧，重要的是要注意，无论我们将这种情况归因于什么悲剧，我们都能感知这种悲剧，重要的是还要看到，我们有人类的方式，包括爱的方式，来回应这种不幸。②

---

① Nussbaum, *Frontiers of Justice*, 192.

② 杰夫·麦克马汉（Jeff McMahan）在很多方面与辛格的立场非常相似，他对那些关心有缺陷者的人非常赞许，他这样写道："认知缺陷者确实与一些人有重要的特殊关系。他们的缺陷并不能消除他们的父母、兄弟姐妹与他们的特殊关联。他们的父母和兄弟姐妹有特殊的理由去保护和照顾他们，并且通常是出于强烈的、恰当的爱和同情去做这些事。我们其他人在道德上必须尊重这些人的情感和奉献。因此，出于间接的或衍生的道德理由，我们应该特别关心认知缺陷者的幸福，而不是动物。"参见 Jeff McMahan, "Cognitive Disability, Misfortune, and Justice," *Philosophy and Public Affairs* 25 (1996), 34-35。事实上，我认为麦克马汉也表达了一种更直接的立场："我们与认知缺陷者的关系使我们有理由优先考虑他们的利益，而不是动物的利益。"

第十一节

我相信这些论述已经足以反驳辛格的观点,他认为任何信奉人类基本平等和平等关怀与尊重的理论如果包含严重缺陷者的话,就应该包含其他高等动物。我们有各种各样的理由来加强对非人类动物的关心和尊重,但与严重缺陷者类比绝不是解决问题的好方法。

当然确定这一点并不等于说严重缺陷者与其他人实际上是完全平等的,或者至少需要进一步解释。到目前为止,我们的讨论是为了理解支撑人类平等的范围属性的复杂性。范围属性不应该仅仅被理解为理性特征或道德行动者的特性,而且应该理解为一种潜能。这意味着,**首先**,潜能表现在每个生命的有机体中(作为有机的基础结构)。**其次**,潜能在时间中发展,在人的不同阶段以不同方式呈现出来,我们应该考虑他们的尊严。**再次**,潜能也包含着脆弱性,在其展开过程中自始至终都包含着生理的或基因的失常或受损。在这三个方面,严重缺陷者和正常人都是相同的。他们的潜能在实现过程中都具有脆弱的可能性。从这个角度来看,拥有属性未必涉及充分实现和行使相关能力。

有人可能想说仅此就足以理解人类平等。这里的关键是人的潜能,正如在范围属性的界限里,潜能是否实现并不重要,所以对于某个具体的人来说,这种潜能是否能够实现也毫不重要。毕竟,"不仅是有缺陷者:每个人的潜能都可能由于环境因素而无法实现"①。由此,人

---

① Anita Silvers, "Reconciling Equality to Difference: Caring (f)or Justice for People with Disabilities," in *Feminist Communication Theory: Selections in Context*, ed. Lana Rakow and Laura Wackwitz (Sage, 2004), 57.

类平等包含了所有人，即使是严重缺陷者。但这不包含其他高等动物，因为无论动物的潜能是否实现，其潜能都不是人的理性或能动性。

我认为采取这种立场是可能的。根据这一论证，排除动物绝不是武断的——反对排除动物的人绝不会抱怨不一致或不公平——对吸纳严重缺陷者也绝不会带来争议。但如此理解的范围属性与基本平等的规范性力量之间是否存在着强有力的关联呢？

回答这个问题非常困难。我在第二讲中说过，当我们讨论伴生性时，毫无疑问，我们寻找的是一种人们共同拥有的属性，拥有这种属性的人就**必须**（entail）被视为彼此对等。寻找这种范围属性不应该是寻找一种弥合"是与应该"、事实与价值之间鸿沟的方式。我们讨论的是理解人类平等的事实性判断，而不是引导我们跨越鸿沟的方式。（我在第二讲中这样说是为了回应麦克唐纳和阿伦特的观点，她们都主张人们可以直接**选择**基本平等原则，简单地**决定**支持这个原则，而不将其视为对任何事实性属性的回应。我接受她们的观点，即任何此类属性都无法迫使人们接受基本平等原则，但我已经指出了，无论如何，这种属性对于理解这种选择和决定是必要的。）寻找基本属性的意义在于找到一种方法，使相关的原则或原理**有意义**，并为其应用提供一个组织良好的基础。我承认，这两者都不构成一个明确定义的标准。人们可能会对什么东西有意义产生分歧，他们也可能对某一特定原则的应用是否清晰和有条理产生分歧。在后一点上，辛格和他的追随者可能会抱怨说，如果单纯的人类潜能被视为足以实现基本平等及其产生的权利，那么就不清楚这是否会延伸到出生权或甚至受孕权，因为在这两种情况下，我们处理的是某种人类潜能的规定性影响。① 我们只是不清楚，以人类潜能为基础的基本平等，应该如何适用于这些情况。

此外，这种潜能是否真的能解释基本平等的规定性含义，这可能是有争议的。毫无疑问，在某种程度上，这是旁观者的看法。但在我看来，困难就在这里。由于我们把基本平等与某些基本权利联系在一起，在我们应该理解的东西（权利）和应该有意义的东西（潜能）之间似乎就没有足够的联系。在通常情况下，我们说一个人有言论自由、个人自由、信仰自由等人权——所有这些都是基于推理、反思、个人自主和道德能动性等能力。但是，将这些权利运用到一个具有人的潜能但其潜能的发挥受到阻碍或限制的人身上是没有实际意义的。毕竟，在一般情况下，基于权利的尊重是以运用这些能力为导向。如果选择的潜能没有实现，更不用说加以运用，那么谈相关的尊重义务就没什么意义。这同样适用于更抽象的尊重概念，它被认为是一种普遍性要求，而不是固定的特定权利。的确，如果我们用约瑟夫·拉兹那种平淡的方式来定义"尊重"——尊重就是承认某物的价值并据此采取行动②——我们可能不会遇到什么困难。我们只是承认潜能的重要性。但如果尊重作为一种敬重和妥协的形式受到更实质性的蔑视，如果它包含了对具有独立见解和观点的知识分子的承认和认可，那么我们可能很难说，仅仅通过指出理性和能动性的潜能，我们就能理解这样的要求。

① "就根据潜能展开的论证而言，没有知觉的胎儿与被认为没有潜能的人是一样的。"参见 Peter Singer, "The Concept of Moral Standing," in *Ethics in Hard Times*, ed. A. Caplan and D. Callahan (Plenum, 1981), 43。

② 参见 Raz, *Value, Respect and Attachment* (Cambridge University Press, 2001), 160 - 170。

第十二节

另一种选择是理解相关的属性——根据通常定义的人类范围内的理性或道德能动性等能力的**实际**存在,该属性被认为是基本平等的基础。和以前一样,它被理解为一种范围属性,在不同的人的生活中有不同的种类和表现形式。它也可以用我们在第五讲中讨论过的复杂的叙述方式来理解(即使基督教版本的叙述方式不被接受)。但是这个选择严格说来主要并不是把范围属性理解为潜能。平等的基础首先是从能力及其运用的角度来理解的。然而,我们所理解的相关属性仍然被视为一种潜能的实现。在本讲第十一节开头提到的三点仍然非常重要。能力被理解为一种实现了的潜能。它的实现被理解为已经发生或正在有机地发生;也就是说,它是在时间中已经展开或正在展开的东西。和之前一样,它被理解为一个脆弱的过程,其发展过程自始至终都存在着生物的或基因的失常、受损和衰退的可能性。以这种复杂的方式了解其现状,使我们能够定义一个人与实现和行使这种能力之间可能存在的若干不同关系:(a)个人可能正处于其发展的早期阶段,就像新生儿一样,但我们对待新生儿时,应该把这种能力的发展看作最重要的。或者(b)能力在具体实现过程中可能发生严重错误,个体因此遭遇不幸而导致严重缺陷,在这种情况下,个体与能力的实现之间是一种悲剧性的关系。(c)个人可能处于生命的尽头,在这个过程中,作为人类尊严基础的能力或多或少地开始经历其不可避免的衰退,也可能罹患阿尔茨海默氏症等疾病。这些都是与我们所有人的状况已经或将要直接相关的阶段、变化或前景。有鉴于此,那些生活在人类正常功能范围内的人,也有理由承认那些具有更复杂的脆弱和不幸特征的人在人类尊严方面是他们的同胞。

所以,第二种方法比第一种方法更加复杂——第一种方法仅仅强调人的潜能。第二种方法在人的尊严的基础上描绘出不同的参与模式:完全拥有人的能力、能力的不断发展、能力的形成或者每个人都可能遭遇的能力的破坏。这两种论证都启发我们严重缺陷者是我们中的一员,但根据第二种论证,人的尊严的基础更加复杂,这可以帮助我们理解规范性意蕴的具体差别。

那么第二种方法的规范性意蕴是什么呢?对于属于相关范围属性之内的人,我们赋予每个人以完全的尊严、权利和平等。对于那些严重缺陷者,我们是否应该得出同样的规范性结论?我的答案很复杂。

首先,我们没有被强迫做任何事。我已经指出了不存在某一属性迫使我们说什么。没有什么理智上的属性要求我们将他人视为彼此对等的。某些属性或属性范围、属性集群、一些能力和叙事结构有助于使我们认识到彼此是对等的。所以,问题变成了:该如何适当地回应这种微妙而复杂的局面?

当我们讨论严重缺陷者时,我们决心将他们视为对等者——我们坚定的决心是对他们不幸未能实现的天性的致敬。我想我们可以竭尽所能地为这些严重缺陷者提供尽可能多的基本平等、平等价值和人的尊严所带来的好处。毫无疑问,会有一些无法适用的规范性意蕴。这需要持续的监护和精心的照料;对于具有独立能力的人,需要的关心可能要少点。一些正常情况下享有特权的选择,在严重缺陷的情况下会变得有问题。例如,一个严重缺陷者可能没有或无法设想在选举中以投票的方式表达自己的观点或偏好,但这当然并不意味着监护人不能代表他投票保护或促进他的利益。基本平等的其他规范意蕴是不可动摇的:例如,对利益的平等考虑——直接追求某些利益,而不是通过投票——和其他形式的平等关注。公平正义问题同样重要,因为严重缺陷者的利益很容易受到损害,很容易被忽视、被剥削和被利用。

第十三节

一些关心残疾人的作家把这样的做法说成是施舍。安妮塔·西尔弗斯谴责了查尔斯·泰勒的一句评论:他在《多元文化与"承认的政治"》一书中谈到,我们将平等尊严的保护范围扩大到"甚至包括那些由于某种情况而无法以正常方式实现其潜能的人,比如,残疾人"[1]。西尔弗斯教授认为,这"表明只有凭借一种干预性的虚构,这些'有缺陷的'行为人才能公平地获得人类通常被赋予尊严或尊重的明确原则"[2]。她驳斥了以下暗示:"'残疾人'只能通过延伸、派生或虚构的方式来实现平等,因为他们确实不具备正常发挥其潜能的基本能力。"[3]

但在这里讨论虚构的前提是,对于我们正在掩盖或妥协的严重缺陷者的状况,有一些更好的描述。事实并非如此。我认为我在第十一节和第十二节中提到的两种说法中的一种,对严重缺陷者的尊严作出了最好的解释。而且我相信第二种更复杂的说法更有意义。我并不

---

[1] Charles Taylor, *Multiculturalism and "The Politics of Recognition"* (Princeton University Press, 1992), 41 – 42.

[2] Silvers, "Reconciling Equality to Difference," 57.

[3] Ibid.

在意,西尔弗斯是否更容易接受第一种说法(她是否能够克服其困难)——仅仅建立在潜能基础上的说法。

同样需要牢记于心的是我在本讲开头所说的。这个论证仅仅适用于**严重缺陷者**。与此相辅相成的是,许多我们称之为"缺陷"的形式应该被理解为正常人的正常生活,即使这些生活具有自己的独特性或存在着差别。我们的论证总是双重的。对于非严重缺陷和边缘性案例,我们(尽可能地)运用一种论证;对于那些遭遇偶然不幸的严重缺陷者,我们运用第十一节和第十二节中两种方式中的一种,并且这两种方式都以从第七节到第十一节中讨论的生命历程、目的论和脆弱性为基础。

一系列结论

我的结论是所有**这一切都很复杂**。金里卡和唐纳森曾提及,像我这样捍卫基本平等原则的人,越来越需要费尽周折展开理智论证。①但费尽周折恰恰表明了问题的复杂性。我不知道这个结论是否令人满意。人们可能会认为,人类平等的实现需要找到一些人性的闪光点——一些内在统一的灵魂,某些护身符或经过高度打磨的**难以言表的特质**(*je ne sais quoi*),它们将成为我们尊严的主人,并解释我们的价值。

在我的论证中,我们发现问题没有那么简单。相反,在每一个环节都充满了复杂性——基本平等和表层平等的区分、分配平等和关系平等的区分、连续性平等和独特性平等的区分、拉什达尔的非连续性、

---

① Donaldson and Kymlicka, *Zoopolis*, 29.

尊严和地位、描述性与规范性、伴生性、多重规范维度、范围属性、能力范围、一系列能力的范围、由能力范围构成的叙事范围、动态论证与静态论证、宗教和形而上学论证、生命历程与目的论、变迁与脆弱性。

　　这些都是我们应该研究的吗？我想是这样的。人类是极其复杂的存在物，我们与自身的关系、与其他人的关系、与上帝的关系都是复杂的。我们彼此之间也存在着充满挑战性的差别。在漫长的岁月中，宗教思想、伦理思想和哲学思想将这些差别视为各种令人费解的等级关系的基础。然而在所有这些差别中，平等尊严的价值始终散发出独特的光芒。"我们认为这个真理是自明的，所有人生而平等。"我认为这种坚持的力量与原则的复杂性并不矛盾，而且我认为我们不应该一遇到困难就绝望地举手投降。我们应该运用我们的天赋理解这些复杂性，研究它们，关注它们，看看我们能从中得到什么。人们对我们的期望一点也不低。我希望在这些讲座中，我已经提供了一种解释，所以，我们可以观察这种解释方法的有效性可以持续多久。

译后记

　　杰里米·沃尔德伦(Jeremy Waldron,1953—),纽约大学法学院教授,主要研究方向为政治哲学和法学。沃尔德伦出生于新西兰,在新西兰的奥塔哥大学获得了哲学学士和法学硕士学位,25 岁负笈英伦,1980 年获得牛津大学硕士学位,六年之后获得牛津大学哲学博士学位,师从罗纳德·德沃金教授。沃尔德伦著作颇丰,自 1984 年以来,已经出版了 15 本著作,代表性著作有《上帝、洛克与平等》(*God, Locke and Equality*,Cambridge University Press,2002)、《尊严、等级和权利》(*Dignity, Rank and Rights*, Oxford University Press, 2012)、《政治的政治理论》(*Political Political Theory*, Harvard University Press,2016),其中《上帝、洛克与平等》已有中译本(华夏出版社 2015年版)。

　　沃尔德伦曾应邀担任许多国际上著名的学术讲座的主讲人,具有代表性的有剑桥大学的西利讲座(Seeley Lectures,1996)、牛津大学的卡莱尔讲座(Carlyle Lectures,1999)、斯坦福大学的韦森讲座(Wesson Lectures,2004)、加州大学伯克利分校的特纳讲座(Tanner Lectures, 2009)和爱丁堡大学的吉福德讲座(Gifford Lectures,2015)等。《彼此的对等:论人类平等的基础》正是在吉福德讲座的基础上完成的。

《彼此的对等:论人类平等的基础》讨论的核心问题是平等。自法国大革命提出"自由、平等、博爱"的口号以来,平等就成为当代西方政治哲学讨论的主要问题之一。学界充分讨论了福利平等、资源平等、机会平等、基本善平等、能力平等、关系平等,等等。但在沃尔德伦看来,这些平等都只是表层平等,他所要讨论的是基本平等。基本平等是深层平等、抽象平等、道德平等,是这些表层平等的根基。基本平等包含两个基本层次,一是连续性平等,也就是所有人都是平等的,这是一种抽象的"类"平等,这里没有民族、种族、性别、能力、财富、权力、地位等的区分;一是独特性平等,所有人平等地区别于其他动物,所有人都具有独特的尊严和价值。

基本平等无疑是一种规范(prescriptivity)。这种抽象规范绝不是一种多余(redundancy)。基本平等要求在任何共同善计算、功利主义计算、结果主义计算和成本-收益计算中,平等地计算每个人。这种抽象规范也绝不是一个无根基的承诺。基本平等以两种方式与事实相关联,一种是以不平等的事实作为审查和批判的对象,一种是某些事实为这种规范提供了原因与依据。前者是基本平等批评的对象,后者则是基本平等的原因。沃尔德伦借鉴罗尔斯的观点,将后者界定为范围属性(range property),寻找范围属性就是寻找人类平等的基础。

范围属性与基本平等之间是一种伴生关系,这种伴生关系并不是说弥合了"事实"与"应该"之间的鸿沟,而是说范围属性的存在使基本平等变得可以理解。沃尔德伦详细讨论了各种范围属性。感知痛苦的能力和爱的能力、理论理性、实用理性、实践理性、个体自主性、正义感、生命潜能等，都是人类平等的范围属性，这些范围属性相互关联、相互交织在一起构成了人类平等的基础。

显然，无论是人的理性能力、情感能力、意志能力，抑或是个体自主性、正义感和生命潜能等，都存在着显著差别。但对人类平等而言，重要的在于所有人都在这些范围属性的范围之内，而不在于这些能力或属性之间的标量差别。人类平等必须具有足够的力量，排除各种心理上的和道德上的因素干扰，不能因为偏爱某人就赋予某人更高地位，也不能因为某人具有较高的能力或道德水平就赋予某人更高价值。同时，人类平等也不能忽视这些范围属性的标量差别，对于其他道德目的而言，这些标量差别同样非常重要，考察人类平等必须在范围属性与范围属性的标量差别之间来回反复地闪烁（scintillation）。

沃尔德伦关于人类平等基础的论证的最大特色是综合性。这主要体现在，第一，从论证方法来看，将世俗论证与宗教论证结合起来。这种结合不仅源于沃尔德伦自身的宗教信仰背景，也不仅源于吉福德讲座的宗教背景，而且源于在他看来，宗教论证为世俗论证提供了补充，为世俗论证中的各种范围属性提供了新的意义。沃尔德伦并不接受在公共讨论中应该避开宗教论证的说法，公共世界的构成本身就是复杂的，引入宗教论证无需道歉。第二，从论证思路来看，将静态论证与动态论证结合起来。在沃尔德伦看来，以往对人类平等的考察往往从静态的角度理解人及其各种属性，这些考察忽视了人的生命的时间维度。无论从宗教世界观来看，还是从生物进化论意义来看，人的生命都是一个历程，因此，应该将静态论证与动态论证结合起来，将人的生命理解为一个叙事过程。在生命叙事意义上,人类彼此对等。对人的生命、属性、能力的静态考察与动态考察结合起来也是一种来回反复的闪烁。第三,从论证资源来看,将各种范围属性综合起来。诸多哲学家在论证人类平等的基础时,往往关注的是某一种能力、一种属性或一种关系,沃尔德伦则认为没有任何理由仅仅选择一种能力、属性或关系,相反,由于人类平等必须在政治、法律、道德和社会生活的各个领域发挥作用,因此,对人类平等基础的考察也就不能局限于某一方面,而是应将各个方面统合起来。这些范围属性叠加在一起为人类平等奠定了基础。

平等无疑是一种理念,或者用托克维尔的话来说,是一个"天意使然"的事实,当社会生活中依然存在着各种各样的不平等事实时,呼吁或坚持这个理念就显得意义重大。对于进入新时代的中国而言,当社会主要矛盾已经发生变化时,当公平正义已经成为时代的需要时,讨论平等这个基本理念同样显得意义重大。

在翻译的过程中,凡是作者引用的文献已经有相关中文翻译的,译者基本上都参考了现有的翻译,在此表示感谢。由于译者能力有限,译文一定存在这样或那样的错误或缺陷,敬请各位读者批评指正。

2018 年 9 月 30 日于芜湖